NYANG UNIVERSITY MONOGRAPH SERIES ON BITCOIN AND THE HUMANITIES

화폐의 언어

돈은 어떻게 우리에게 말을 거는가

NYANG UNIVERSITY MONOGRAPH SERIES ON BITCOIN AND THE HUMANITIES

이광희 지음

화폐의 언어

돈은 어떻게 우리에게 말을 거는가

한양대학교 출판부

약속의 언어와 기술의 윤리 사이에서

한 문명이 스스로를 설명하는 방식을 바꿀 때, 먼저 바뀌는 것은 언어입니다. 비트코인과 블록체인은 새로운 기술적 혁신이면서 동시에 새로운 문장들이기도 합니다. '코드'는 약속을 문법화하여 작성한 문장이고, '합의'는 공동체가 그 문장을 함께 낭독하는 방식입니다. 그렇다면 이 세계를 이해하는 가장 적합한 출발점 가운데 하나가 인문학, 즉 언어와 상징, 제도와 기억, 윤리와 역사에 대한 탐구라는 사실은 그리 놀랍지 않습니다.

이 모노그래프 시리즈는 인문학과 과학기술 연구가 서로의 경계를 넘나드는 실험입니다. 경제학의 모델과 컴퓨터 공학의 프로토콜만으로는 다 설명되지 않는 영역이 있습니다. 신뢰를 무엇으로 세울 것인지, 익명의 군중이 어떻게 제도를 만들고 유지하는지, 시간과 가치가 어떤 형태로 기록되는지 같은 질문은 원래부터 인문학의 과제였습니다. 반대로, 인문학이 오래 다뤄온 텍스트와 제도, 신화와 은유는 지금, 이 기술적 장에서 다시 태어납니다. 기호학은 토큰의 상징경제를, 정치철학은 거버넌스의 정당성을, 역사학은 장부와 화폐의 긴 계보를, 문헌학은 백서와 코드를 새 기록물로 읽어냅니다.

물론 이러한 융합적 연구의 길은 매끈하지 않을 것입니다. 첫째, 속도의 불협화음 때문입니다. 기술은 마하의 속도로 진화하지만, 사유는 느리게 숙성됩니다. 우리는 '빨리 이해하기'를 경계하고 '깊게 이해하기'를 선택해야 합니다. 둘째, 대상의 이동성 때문입니다. 프로토콜은 포크되고 서사는 밈이 되어 번식합니다. 연구자는 늘 움직이는 표적을 따라가야 합니다. 셋째, 가치와 사실의 충돌 때문입니다. 시장 가격과 규범적 판단이 서로를 흔듭니다. 인문학은 이 긴장을 도덕적 공론의 언어로 번역하고, 기술 연구는 그 논의를 실험 가능한 설계로 환원해야 합니다. 마지막으로, 자료의 비대칭 때문입니다. 분산된 저장소와 사라지는 링크, 중첩된 익명성은 새로운 자료 해석의 방법을 요구합니다.

그러나 바로 그곳에서 상호작용의 이득이 생깁니다. 인문학은 기술 중심 연구에 개념적 맥락과 역사적 서사의 접착제를 제공합니다. 희소성과 시간, 주권과 책임 같은 기본 범주를 정교화하면서, 설계의 선택지가 지닌 윤리적 파장을 비춰줍니다. 기술 연구는 인문학에 살아 있는 실험장을 제공합니다. 논증은 코드로 구현되고, 가설은 네트워크에서 검증됩니다. 이 왕복 운동은 추상과 실천을 묶어, 더 나은 질문과 더 단단한 답을 함께 길어 올릴 것입니다.

비트코인 인문학 모노그래프 시리즈는 그래서 여러 층위를 가로지르게 됩니다. 언어의 층위에서는 프로토콜의 문법과 커뮤니티의 은유, 규제 담론의 수사학을 더듬을 것입니다. 개념의 층위에서는 신뢰·주권·소유·책임의 철학적 위상을 다시 배치해 볼 것입니다. 제도와 자본의 층위에서는 국경을 가로지르는 결제·준비자산·통화경쟁의 재구성을 살필 것입니다. 그리고 이러한 예고편은 약속입니다. 뒤이어 올 저서들에서 우리는 철학의 눈과 언어학의 귀로 그리고 국제금융의 지형도로 이 세계를 반복해 읽을 것입니다.

새로운 기술은 종종 '가능한 것'을 앞세우지만, 지속 가능한 문화는 '해야 하는 것'을 묻는 데서 시작합니다. 이 모노그래프 시리즈는 그 둘의 사이, 약속의 언어와 기술의 윤리 사이에 작은 다리를 놓으려는 시도입니다. 독자 여러분의 비판과 참여가 그 다리를 단단하게 할 것입니다.

우리는 매일 돈을 쓴다. 지폐를 꺼내고, 화면에서 숫자를 확인하는가 하면, 잔돈 몇 개를 무심코 건넨다. 그리고 돈에 대해서 이런저런 이야기를 한다.

이 모든 익숙함 속에서, 어떤 모습 하나가 물음으로 떠오른다.

"혹시 돈이 나한테 지금 말을 거는 건가?"

이 책은 이 조용한 질문으로부터 출발한다. 교환의 도구만이 아니라면, 단지 금속이나 종이 혹은 디지털 숫자만이 아니라면, 돈이 일종의 언어, 아니면 적어도 언어처럼 작동하는 기호의 인격체라면 어떨까?

언어는 공동체의 약속과 신뢰 위에서 작동한다. '사과'라는 말이 해당 과일을 뜻하는 것은 우리가 그렇게 하기로 정했기 때문이다. 만 원짜리 지폐가 가치를 지닌 것도 우리 모두가 그렇게 믿기로 동의했기 때문이다. 분명히 언어와 화폐 사이에 뭔가 있기는 있다. 그래서 우리는 이 책에서 화폐를 언어학이라는 다소 생소한 창문을 통해 한번 바라보려고 한다. 물론, 언어학이 돈을 설명하는 데 가장 자연스러운 도구는 아닐 것이다. 그러나 낯선 틀은 때로 익숙한 것을 새롭게 보게 해주기도 하는 법이다.

기호학, 인지언어학, 언어철학, 담론 분석 등 다소 무뚝뚝한 이름들이 등장한다. 독자에게 바라는 바는 크지 않다. 돈을 통해 말하는 세계의 소리에 잠시 귀 기울여보자는 것이다.

부디 이 얇은 책이 그 침묵 속의 언어를 해독하는 작은 첫 걸음이 되기를, '돈이 말하는 방식'을 읽을 수 있는 언어적 감수성을 키우는 불씨 정도가 되기를 바란다.

시작이란 늘 그런 것이다.

위태롭고 어설프지만, 누군가는 해야 하니까.

차례

화폐,
의미를 담는 기호

Part I

화폐는 경제 활동의 핵심 매개체이지만, 그 본질은 단순한 교환 수단 이상이다. 화폐 현상에 대한 언어학적 이해를 구축하기 위한 첫걸음으로, Part I에서는 화폐를 하나의 기호 체계이자 사회적 상징으로 접근하고자 한다. 소쉬르의 기호학, 짐멜의 화폐 철학, 도드의 다원적 화폐론 등 고전적 통찰과 현대적 확장을 통해, 화폐의 기호학적 토대와 사회적 의미망을 고찰한다.

1장

소쉬르 이론으로 본 화폐

언어가 인간의 사유와 감정을 표현하고 사회적 상호작용을 매개하듯, 화폐 역시 보이지 않는 사회적 약속, 신뢰, 그리고 다양한 문화적 가치들을 압축하여 표상하고 유통시킨다. 이에 1장에서는 화폐를 의미 생성과 전달의 기호 체계semiotic system로 바라보는 작업을 시도할 것이다. 20세기 초 언어학의 혁명적 전환을 이끈 소쉬르[1]의 기호학[2] 이론을 바탕으로 화폐의 구조와 가치가

1 페르디낭 드 소쉬르(Ferdinand de Saussure, 1857–1913)는 현대 언어학의 기초를 세운 스위스의 언어학자로, 구조주의 언어학의 창시자로 널리 알려져 있다. 그의 가장 영향력 있는 저서는 사후에 제자들이 강의 내용을 정리하여 출간한 『일반언어학 강의(Cours de linguistique générale, 1916)』로서, 현대 언어학, 기호학, 구조주의, 그리고 인문·사회과학 전반에 걸쳐 지대한 영향을 끼쳤다.

2 기호학(記號學, semiotics)은 언어, 이미지, 몸짓, 사물 등 기호(sign)가 의미를 만드는 방식, 그리고 그 의미가 소통되고 해석되는 방식을 다룬다. 소쉬르는 기호학을 "기호가 사회생활에서 작동하는 법칙을 연구하는 학문"이라고 정의했으며, 이후 피어스(C. S. Peirce)를 비롯한 많은 연구자들에 의해 언어, 예술, 미디어, 문화 등 폭넓은 영역으로 확장되었다.

생성되는 원리를 이해해보자.

1.1. 기표와 기의

소쉬르는 언어를 포함한 모든 기호 체계가 의미를 구조적으로 생성한다고 보았다. 이에 따르면, 모든 기호는 불가분하게 연결된 두 가지 요소로 구성된다. 하나는 우리가 감각적으로 인지할 수 있는 물질적 형태인 기표signifier(記表, 시니피앙(significant))이고, 다른 하나는 그 기표가 가리키는 추상적 개념 또는 의미 내용인 기의signified(記意, 시니피에(signifié))이다. '나무'라는 단어를 말하거나 적는다고 했을 때, 그 소리나 글자의 형태는 기표이며, 이 기표가 우리 마음속에 불러일으키는 '줄기와 가지, 잎을 가진 식물'이라는 개념은 기의에

페르디낭 드 소쉬르

해당한다.

화폐 현상에 대한 언어학적 접근이라는, 우리의 첫 학제적 실험으로 소쉬르의 기표·기의 관계를 다음 표와 같이 화폐에 적용해보기로 하자.

구성 요소	정의 및 설명	화폐 예시(전통 및 디지털 화폐)
기표(記表) signifier (시니피앙)	• 물리적·감각적 형태 • 화폐의 외형적 모습이나 표현 방식	• 지폐의 디자인, 색상과 질감, 문자·숫자·도안 • 동전의 무게와 문양 • 은행 계좌 잔고를 나타내는 디지털 숫자 • 스마트폰 결제 앱의 QR코드 • 암호화폐의 고유 단위(BTC, ETH) 및 로고
기의(記意) signified (시니피에)	• 개념적·추상적 의미 • 사회적으로 표상하거나 약속하는 내용	• 상품과 서비스를 구매할 수 있는 능력 • 교환의 약속 • 부채를 상환할 의무 • 사회적 지위나 성공의 상징 • 미래에 대한 안정감이나 불안감 • 특정 기술 이념(예: 탈중앙화)

만 원짜리 지폐 한 장을 떠올려보자. 세종대왕의 초상, 혼천의(渾天儀)와 같은 과학 기구 도안, 특수 용지와 인쇄 기술, 위조 방지용 홀로그램 등은 모두 시각적이고 촉각적인 기표들이다. 그런데 이 복합적인 기표들이 가리키는 기의는 단순히 만 원이라는 액면가를 넘어, 그것으로 일정량의 상품과 서비스를 요구할 수 있는 권리이자 사회 전체의 묵시적인 약속, 즉 구매력을 포함해 그것과 관련된 우리 삶의 의무, 상징, 이념 등으로 다양하게 나타난다. 마찬가지로, 우리가 스마트폰 앱에서 확인하는 암호화폐 '1 BTC'라는 표시는 그 자체로 기표일 테지만, 현재 시장에서 형성된 교환 가치, 탈중앙화된 금융

시스템에 대한 기대, 혹은 자산으로서의 가능성 등 다양한 기의와 연결될 수 있다.

법정화폐와 암호화폐의 기표 예시

1.2. 화폐 기호의 자의성과 사회적 약속

소쉬르 이론의 핵심 주장 중 하나는 기표와 기의 사이의 관계가 본질적으로 '자의적arbitrary'이라는 것이다. 이는 기표와 기의 사이에 어떤 필연적이거나 자연적인, 혹은 논리적인 연결고리가 존재하지 않는다는 것을 의미한다. '물'이라는 소리(기표)가 마시는 액체(기의)를 가리키는 것은 그 소리 자체에 물의 속성이 내재해 있기 때문이 아니라, 한국어를 사용하는 공동체의 역사적이고 사회적인 약속, 즉 관습convention에 따른 것이다. 만약 그 연결이 필연적이라면 전 세계 모든 언어에서 물을 지칭하는 기표는 동일해야 할 것이지만 영어로는 'water', 또 프랑스어에서는 'eau'라고 하는 것을 보면, 기표와 기의의 자의적 관계는 이내 자명해진다.

화폐의 경우도 마찬가지이다. 만 원짜리 지폐가 만 원의 가치를 지니는 것은 종이나 잉크의 물리적 가치가 만 원에 해당하기 때문이 아니다. 해당 지폐를 만드는 데 드는 비용은 액면가에 비해 훨씬 적을 것이다. 그럼에도 불구하고 우리가 그 종이의 조각을 만 원의 가치로 인정하고 사용하는 것은, 그것이 법률에 의해 법정화폐로 지정되었고(법적 강제력), 중앙은행이 그 가치를 보증하며(제도적 신뢰), 무엇보다도 사회 구성원 대다수가 그것을 교환의 매개로 받아들이기로 합의했기 때문이다. 이처럼 기표와 기의 사이의 자의적 연결은 사회적 규약에 의해서 유지되는 것이다. 그러므로 이러한 규약에 대한 믿음, 다시 말해 '신뢰'가 흔들리면 화폐의 기표는 그 의미를 잃고 단순한 물질로 전락할 수 있다. 역사적으로 초인플레이션hyperinflation을 겪었던 국가에서 화폐가 휴지 조각처럼 취급되었던 사례는 기표와 기의의 연결이 얼마나 임의적인지, 그래서 그 연결을 지탱하는 사회적 합의와 신뢰가 얼마나 중요한지를 보여준다.[3]

암호화폐의 등장은 화폐 가치의 자의성 및 이에 따른 사회적 약속의 문제를 새로운 형태로 부각시킨다. 전통적인 법정화폐는 국가나 중앙은행과 같은 중앙 기관이 기표(지폐나 동전)와 기의(화폐적 가치) 사이의 자의적 관계를 법적 강제력과 제도적 신뢰를 통해 상대적으로 안정적으로 유지한다. 반면 비트코인과 같은 암호화폐는 중앙의 보증 기관 없이, 순전히 탈중앙화된 암호

3 1920년대 독일 바이마르 공화국에서는 마르크화가 극심한 인플레이션으로 인해 지폐가 휴지나 벽지 대용으로 사용되었으며, 2000년대 후반 짐바브웨에서는 천문학적 규모의 인플레이션으로 인해 100조 달러 지폐가 발행되었음에도 불구하고 사실상 가치가 없어 일상 거래에서조차 사용되지 못하는 상황이 벌어지기도 했다.

학적 기술과 네트워크상 합의(작업증명Proof-of-Work)를 통해서만 그 가치가 유지된다. 암호화폐의 복잡한 코드와 블록체인상의 암호화된 거래 기록이라는 '디지털 기표'는 디지털 희소성, 검열 저항성, 중개자 없는 거래 등과 같은 새로운 형태의 경제적, 사회적 가치라는 기의와 연결되는데, 현재로서 이는 기존 법정화폐와 비교할 때 그 자의성의 거리가 더 멀어 보일 수밖에 없다. 따라서 이러한 연결은 끊임없는 시험과 불안정성을 내포하게 되는 것이며, 그 결과로 암호화폐 시장에서는 기존의 화폐 시장과는 비교할 수 없을 정도의 높은 가격 변동성volatility이 나타나게 되는 것이다. 즉, 소쉬르의 기호학적 관점에서 볼 때, 암호화폐의 가격 변동성은 기표와 기의 간의 『급진적 자의성radical arbitrariness』에서 그 원인을 파악할 수 있게 된다.[4]

1.3. 화폐 가치의 관계적 본질

소쉬르는 기호의 의미나 가치가 고립적으로 존재하는 것이 아니라, 해당 기호가 속한 전체 체계system(소쉬르 용어로는 '랑그langue') 내에서 다른 기호와의 '관계'를 통해 결정된다고 보았다. 특정 기호의 가치는 그것이 무엇인가positive terms로 적극적으로 정의되기보다는, 그것이 무엇이 아닌가negative terms라는 차

4 자의성을 완화하여 기표와 기의 간의 연결을 견고하고 안정적으로 할 수 있다면 어떨까? 소쉬르식 해석을 가격 변동성 완화에 대입한 해법이 법정화폐나 실물자산과 가치가 고정적으로 연동(peg)되는 스테이블코인(stablecoin)일지도 모른다. 스테이블코인은 암호화폐의 디지털 기표를 명확히 정의된 기존 자산의 가치(기의)에 연결하여 자의성을 감소시킴으로써 가격의 안정성을 확보한다.

이difference와 대립opposition을 통해 소극적으로 생성된다는 것이다. 체스 게임에서 '킹'이라는 말의 가치가 그 자체의 물리적 형태가 아니라, 게임 규칙 내에서 다른 말들(퀸, 룩, 비숍, 나이트, 폰)과의 관계, 즉 그것만이 할 수 있는 움직임과 그것이 할 수 없는 움직임의 총체에 의해 규정되는 것과 마찬가지이다. 만약 모든 말이 킹처럼 움직일 수 있다면 킹의 특별한 가치는 사라질 테니 말이다.

화폐의 가치 역시 이러한 관계적 특성을 보여준다.

첫째, 국내 통화 체계 내에서의 관계를 살펴보자. 한 국가 내에서 특정 화폐 단위(예: 1,000원)의 가치는 다른 화폐 단위(100원, 5,000원, 10,000원, 50,000원 등)와의 수량적 관계, 그리고 그 돈으로 구매할 수 있는 다양한 상품과 서비스 가격과의 관계 속에서 매겨진다. 오늘 1,000원으로 살 수 있는 과자의 종류와 양이 어제와 다르거나, 혹은 옆 가게와 다르다면, 1,000원이라는 기표가 지닌 실질적인 가치(기의)는 변동하는 것이다. 물가 상승(인플레이션)은 이러한 관계가 변화하여 동일한 기표가 더 적은 기의를 표상하게 되는 현상이며, 이는 곧 화폐 가치가 다른 상품 및 서비스와의 관계 속에서 하락했음을 의미한다.

둘째, 국제 통화 체계 내에서의 관계, 즉 환율을 통해 화폐 가치의 관계적 본질을 확인할 수 있다. 1 미국 달러USD의 가치는 고정되어 있지 않다. 그것은 유로EUR, 일본 엔JPY, 중국 위안CNY, 한국 원KRW 등 다른 국가의 화폐와 상대적인 교환 비율을 통해 매 순간 새롭게 결정된다. 이는 각 국가의 경제 상황, 금리 정책, 무역수지, 국제 정세, 투자자 심리 등 복잡한 요인들이 상호작용한 결과이다. 이처럼 특정 통화의 가치는 국제 금융 시스템 안에서 다른 통화와의 '관계 맺음'을 통해 상대적으로 규정되는 것이다.

셋째, 구매력 평가purchasing power parity, PPP 개념은 이러한 관계적 가치를 잘 나타낸다. 각 국가에서 사용되는 화폐의 실질적 구매력을 비교하기 위해 경제학자들은 PPP를 사용하는데, 이는 각국 화폐로 동일한 상품 및 서비스 묶음(예: A국에서는 빅맥(Big Mac) 한 개가 5달러, B국에서는 동일한 빅맥이 현지 화폐로 4달러에 해당하는 가치)을 구매하는 데 얼마의 비용이 드는지를 비교하는 것이다. 이를 통해 명목 환율이 아닌 실제 생활 수준을 반영하는 화폐 가치를 산출한다. 이 역시 화폐 가치가 고정된 실체가 아니라, 그것이 구매할 수 있는 대상과의 관계 속에서 파악될 수 있음을 보여주는 또 다른 예이다.

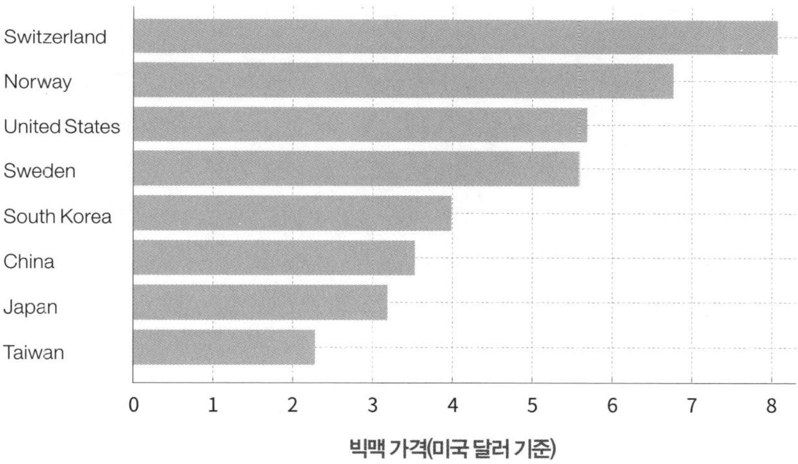

이상에서 본 바와 같이, 소쉬르의 기호학적 접근은 화폐가 사회적 약속과 신뢰라는 보이지 않는 토대 위에서 자의적으로 그리고 상대적으로 가치를 형성한다는 사실을 드러낸다. 기표와 기의의 자의적 결합과 체계 내 다른 요소와의 관계를 통해 끊임없이 새롭게 구성되는 화폐의 의미는, 최근의 디

지털화폐를 포함하여 경제 현상의 불안정성과 변동성을 이해하는 새로운 분석의 틀을 제공할 수 있을 것이다.[5]

5 화폐를 기호학적으로 이해할 때, 블록체인과 암호화폐 분야에서 사용되는 '토큰(token)' 개념은 자연스럽게 그 연장선상에서 해석될 수 있다. 본래 '토큰'이라는 단어는 '상징', '표상', '표지'라는 의미를 지니며, 이는 소쉬르의 기호 개념과 밀접하게 맞닿아 있다. 암호화폐 생태계에서 토큰은 단순한 디지털 단위를 넘어, NFT처럼 자산의 소유권이나 진정성, 혹은 거버넌스 토큰처럼 의사결정 참여 권한 등 특정한 경제적 가치나 권리를 상징하는 디지털 기호로 기능한다. 이 과정에서 토큰의 기술적 형태(기표)와 그에 부여된 의미나 권리(기의)는 임의적이면서도 사회적 합의와 기술적 신뢰에 의해 연결되어, 소쉬르가 말한 기호의 자의성과 사회적 약속의 원리가 디지털 환경에서 구체적으로 구현되는 대표적 사례가 된다.

2장

짐멜의 화폐 철학

게오르크 짐멜은 화폐를 근대 사회의 정신적·문화적 구조를 형성하는 핵심 매개로 보았다.[6] 그는 화폐의 역사적 진화와 그로 인한 사회적 영향, 나아가 인간 주체성의 변화에 주목하며, 화폐를 통해 근대성의 본질을 탐구하고자 했다.

6 게오르크 짐멜(Georg Simmel, 1858–1918)은 독일 베를린에서 태어난 철학자이자 사회학자로, 현대 사회학과 문화이론의 초기 발전에 크게 기여한 인물이다. 베를린대학교에서 철학 박사 학위를 받았으나, 당시 독일 학계의 보수적 분위기와 유대계라는 배경 탓에 정규 교수직을 얻지 못해 오랜 기간 '외부인'(outsider)으로 남았다. 생애 말기에야 스트라스부르 대학에서 교수로 임용되며 뒤늦게 학문적 인정을 받았다. 하지만 그의 이론과 접근 방식은 막스 베버, 게오르크 루카치, 지그프리트 크라카우어를 비롯한 여러 학자들에게 영향을 주었으며, 현대 사회학과 문화이론 분야에서 꾸준히 재조명받고 있다.

게오르크 짐멜

2.1. 돈의 추상화

짐멜은 『돈의 철학』(Die Philosophie des Geldes, 1900)에서 돈이 인간의 정신세계와 사회 구조, 그리고 문화 전반에 깊은 영향을 미치는 근본적인 힘임을 강조했다. 짐멜은 특히 돈이 인류 역사 속에서 어떻게 그 물질적·질적 특성을 점차 잃고, 순수한 추상적 상징abstract symbol으로 진화해 왔는지에 주목한다. 그는 화폐의 발전 과정을 통해, 돈이 구체적인 실체에서 벗어나 모든 가치와 사물을 양적 척도로 환원시키는 과정을 분석하였다. 짐멜이 제시한 화폐의 역사적 진화 단계를 중심으로, 돈의 추상화 과정을 살펴보자.

(1) 상품화폐(commodity money)

인류 초기 사회에서는 소금, 조개껍데기, 가축, 직물, 곡물 등 그 자체로 사용 가치를 지니거나 특정 사회에서 귀하게 여겨지는 물품들이 화폐의 기능을 수행했다. 이러한 상품화폐는 교환의 매개로 사용될 때도 그 고유한 유용성이나 상징적 가치를 유지했다. 예를 들어, 소금은 음식의 맛을 내고 보존하는 데 필수적이었기에 자연스럽게 교환 수단으로 인정받을 수 있었다. 이 단계에서 화폐는 여전히 구체적인 물질성 및 질적 특성과 강하게 결부되어 있었다.

(2) 금속화폐(metallic money)

이후 금, 은, 구리와 같은 금속이 그 희소성, 내구성, 분할 가능성, 휴대 용이성 등의 장점 덕분에 보편적인 화폐 재료로 자리 잡게 되었다. 초기에는 금속의 무게와 순도가 가치를 결정했지만, 점차 국가나 권력자가 일정한 규격과 문양을 새긴 주화coin를 발행하면서 화폐 제도가 체계화되기 시작했다. 주화에 사용된 금속 자체의 내재가치가 여전히 화폐 가치의 근간을 이루었지만, 점차 그 형태의 균일성과 상징성이 부각되기 시작했다.

(3) 지폐(paper money)와 태환화폐(representative money)

금속화폐는 상품화폐보다 발전된 형태였지만, 여전히 무겁고 대량 거래 시 운반이 불편하다는 단점이 있었다. 이러한 문제를 해결하기 위해 등장한 것이 지폐이다. 초기 지폐는 은행이나 정부가 특정량의 금이나 은(정화)으로 언제든지 교환해 줄 것을 약속하는 일종의 '정화 보관증' 또는 '예금 증서'의 성격을 지녔다(금본위제 또는 은본위제 하의 금태환(金兌換)권 또는 은태환(銀兌換)권). 이 단계에서 지폐 자체는 실물 가치가 거의 없었지만, 그것이 표상하는 귀금속의 가치와 발행 기관의 신용에 의해 그 기능을 수행했다. 화폐의 물질성은 약화되고 상징성이 더 강화된 것이다.

(4) 법정화폐(fiat money)[7]와 신용화폐(credit money)

현대 사회에서 통용되는 대부분의 화폐는 법정화폐이다. 이는 정부가 법률로써 그 가치를 강제하고 통용력을 부여한 화폐로, 더 이상 금이나 은과 같은 실물 자산과의 태환이 보증되지 않는다(불환지폐).[8] 법정화폐의 가치는 전적으로 발행 주체인 정부와 중앙은행에 대한 사회 구성원들의 신뢰, 그리고 그 돈이 통용되는 경제 시스템의 안정성에 의존한다. 우리가 사용하는 신용카드, 은행 계좌의 예금(요구불 예금), 전자화폐, 모바일 결제 시스템 등은 이

7 fiat는 라틴어 *fiō*(되다)의 3인칭 단수 수동 명령형으로, "있을지어다", "존재하게 하라"는 의미이다. 특정 사물이나 상태가 물리적 원인이나 실체적 근거 없이도, 선언이나 명령에 의해 성립된다는 뜻이다. *fiat lux*(빛이 있으라)와 같은 성서적 표현에서 볼 수 있듯, 권위적 언술 행위를 통해 존재가치를 부여할 때 쓰는 말이다. 이러한 어원적 특성이 fiat money라는 말에 그대로 반영되어, 내재적 가치 없이도 법적·제도적 선언을 통해 그것이 화폐로 기능함을 의미하게 된 것이다.

8 1971년 8월 15일, 리처드 닉슨 미국 대통령은 외국 정부가 보유한 달러를 금으로 교환해주던 금태환을 중단한다고 발표했다. 이 조치는 "닉슨 쇼크(Nixon Shock)"로 불리며, 브레턴우즈 체제의 핵심이었던 달러–금 고정환율제를 사실상 종료시켰다. 당시 닉슨은 이 조치가 일시적이라고 밝혔으나, 이후 금태환은 복구되지 않았고, 브레턴우즈 체제도 공식적으로 막을 내렸다. 이로써 미국 달러뿐 아니라 세계 주요국 통화들도 금을 비롯한 실물 자산과 연동이 없는 법정화폐 체제로 본격 전환하게 된다.

러한 신용화폐의 개념을 더욱 확장시킨 형태로, 실물 없는 숫자와 약속만으로 가치가 유통되는 추상화의 대표적 사례라 할 수 있을 것이다.[9]

2.2. 돈의 사회적 기능과 문화적 영향

짐멜에 따르면, 돈의 추상화 과정은 삶의 방식과 사회 구조 전체를 심층적으로 변화시키는 동인이 된다. 돈은 사회적 상호작용의 보편적 매개체universal medium로서 기능하며, 다음과 같은 사회적 기능과 문화적 영향을 파생시킨다.

첫째, 돈은 사회 관계의 객관화objectification와 비인격화depersonalization를 촉진한다. 전통 사회에서 교환은 주로 개인적인 신뢰, 친족 관계, 또는 공동체적 유대감에 기반하여 이루어졌다. 그러나 돈은 이러한 주관적이고 인격적인 요소를 배제하여, 거래를 수량화, 표준화된 객관적 과정으로 전환시킨다. 이로써 우리는 개인적으로 전혀 알지 못하는 익명의 타인과도, 심지어 지구 반대편에 있는 사람과도, 경제적 상호작용을 할 수 있게 되었다. 이는 개인의 자유와 선택의 범위를 확장하고 사회적 관계망을 전 지구적으로 넓히는 데 기여했다. 하지만 모든 관계가 돈을 매개로 이루어지면서 인간관계가 파편화되고 소외감이 증대될 수 있다는 비판도 동시에 제기된다. 한편으로는 우리를 해방시키지만, 다른 한편으로는 우리를 돈이라는 비인격적인 힘에 예

9 인류의 발전이란 게 늘 최신과 첨단의 교체를 수반해온 것이라 할 때, 오늘날의 디지털화폐, 특히 비트코인과 같은 암호화폐는, 실물적 뒷받침 없이 오직 코드와 네트워크 합의에 의해 가치가 형성된다는 점에서, 완전한 추상화의 최신 정점이라 하겠다.

속시키는 것이다.

둘째, 돈은 만물의 보편적 가치 척도universal measure of value로 기능하며, 이는 현대 사회의 합리적 계산 정신calculating spirit을 강화한다. 돈은 세상의 거의 모든 것—다양한 종류의 상품, 서비스, 노동력, 시간, 때로는 아이디어나 예술 작품, 자연환경까지도—을 동일한 단위로 측정하고 비교할 수 있게 만드는 보편적 등가물이다. 이는 복잡하게 분업화된 현대 사회에서 서로 다른 가치들을 효율적으로 교환하고 자원을 배분한다. 또한, 돈은 사람들에게 합리적이고 계산적인 사고방식을 내면화한다. 비용과 편익을 따지고, 효율성을 중시하며, 미래를 계획하는 태도는 화폐 경제가 발달하면서 보편화된 정신적 태도라 할 수 있다. 그러나 이러한 합리성이 극단화될 경우, 사랑이나 우정처럼 돈으로 환산될 수 없는 본질적 가치들이 경시되거나 왜곡될 위험 또한 존재한다.

셋째, 돈은 본질적으로 사회적 신뢰의 응축된 형태이다. 우리가 낯선 사람에게서 받은 지폐 한 장을 아무런 의심 없이 받아들이는 것은, 그 지폐를 발행한 국가와 중앙은행의 권위, 그 돈이 통용되는 법률 및 제도 시스템의 안정성, 무엇보다도 다른 모든 사회 구성원 역시 그 지폐를 동일한 가치로 인정해 줄 것이라는 암묵적인 믿음, 즉 일반화된 신뢰generalized trust가 있기 때문이다. 이처럼 돈은 사회 전체에 광범위하게 퍼져 있는 보이지 않는 신뢰의 네트워크를 가시적인 형태로 응축시켜 유통시키는 매개체이다. 따라서 화폐 시스템의 안정은 사회적 신뢰의 수준과 밀접하게 연관되어 있다.[10]

10 2022년 5월, 알고리즘 기반 스테이블코인 테라USD(UST)와 그와 연동된 암호화폐 루나(LUNA)는 극심한 가격 폭락을 겪으며 디지털 자산 시장에 큰 충격을 주었다. 테라 생태계는 전

2.3. 짐멜의 논의에 대한 언어학적 고찰

이제 짐멜의 화폐 철학을 언어학적 관점으로 조명해보자. 화폐의 추상화 과정을 언어학적 차원에서 바라본다면, 그것은 곧 특정 사물이 가진 구체적 가치로부터 점차 분리되어, 순수한 추상적 기호로 변모하는, 말하자면 기호학적 진화semiotic evolution의 과정으로 볼 수 있다. 상품화폐에서 금속화폐, 지폐와 태환화폐, 그리고 법정화폐에 이르는 진화의 과정은 흩사 소쉬르가 제시한 기표와 기의 간의 관계 변화를 연상시킨다. 초기 상품화폐 단계에서 소금이나 가축 같은 기표는 자신이 표상하는 가치(기의)와 직접적으로 연결되어 있었으나, 시간이 흐르면서 금속, 지폐, 법정화폐 단계로 진화할수록 기표와 기의 간의 결속은 점차 느슨해지고 임의적인 상징성이 지배하게 된다. 결국 현대의 법정화폐는 기표와 기의 간의 물질적 연결이 거의 소멸된, 순전히 사회적 합의와 신뢰에 의해 유지되는 완전한 임의적 기호arbitrary sign로 기능하는 것이다.

통적인 담보(예: 달러, 국채 등) 없이, 오직 스마트컨트랙트 기반의 알고리즘과 투자자들의 신뢰에 의존해 UST의 1달러 가치를 유지하려 했다. 구체적으로, UST의 가치가 1달러 아래로 떨어지면 사용자가 UST를 LUNA로 교환(소각 및 발행)해 차익을 얻고, 반대로 UST가 1달러를 넘으면 LUNA를 UST로 교환하도록 설계되어 있었다. 그러나 대규모 자금 인출과 시장 불안이 겹치면서 UST가 1달러와의 고정(페그)을 잃었고, 투자자들이 대거 탈출하면서 LUNA의 신규 발행량이 폭증해 가치가 사실상 0에 수렴하는 '데스 스파이럴'이 발생했다. 이 사태로 약 45~60조 원(400~600억 달러) 규모의 시가총액이 소멸했고, 투자자는 막대한 손실을 입었으며, 연쇄적으로 여러 암호화폐 기업의 파산과 시장 신뢰 붕괴를 초래했다. 테라-루나 사태는 중앙화된 담보나 규제 없이 기술적 메커니즘과 집단적 신뢰만으로 유지되는 디지털 화폐 시스템이 얼마나 취약할 수 있는지를 보여주는 대표적 사례로 회자된다.

이러한 관점에서 돈은 경제적 도구일 뿐만 아니라 일종의 보편적 언어universal language로 기능한다고 볼 수 있다. 돈은 서로 다른 질적 특성을 가진 사물이나 서비스, 심지어 노동이나 시간을 동일한 가치 척도로 변환하는 '번역translation' 기능을 수행함으로써, 문화적 차이나 사회적 맥락의 경계를 넘어 보편적 소통을 가능하게 만든다. 그러나 언어가 각 사회의 특수한 문화적 맥락을 완벽히 전달할 수 없듯이, 화폐를 통한 가치의 번역 역시 원래의 고유한 의미나 질적 다양성을 일정 부분 훼손하거나 왜곡할 가능성을 내재하고 있다.

또한 돈의 사회적 신뢰는 언어적 합의linguistic consensus와도 밀접한 유사성을 지닌다. 즉, 돈이 특정 사회에서 가치 저장 및 교환 매개체로 기능할 수 있는 것은 전적으로 그 화폐의 가치를 모든 사회 구성원이 동일하게 인정하고 받아들인다는 암묵적인 사회적 합의 덕분이다. 이러한 현상은 언어학적으로 볼 때 기호와 의미의 관계를 지탱하는 사회적 합의가 무너질 경우 언어 자체가 의미 전달의 기능을 상실하게 되는 현상과 본질적으로 동일한 구조를 지닌다.

끝으로, 돈이 가져오는 사회관계의 객관화 및 비인격화 현상 또한 언어에서 나타나는 형식화formalization, 즉 구체적인 맥락이나 정서적 뉘앙스를 배제하고 객관적이고 표준화된 문법과 어휘를 사용하여 소통하는 현상과 유사하다. 법률 문서, 계약서, 공공 안내문과 같은 공식 언어는 개인의 감정이나 주관적 견해가 아닌 객관적이고 보편적인 의미 전달을 목표로 하며, 이 과정에서 개별 주체가 지닌 고유한 경험과 맥락, 그리고 인간적 정서의 다양성은 필연적으로 축소되거나 배제된다. 돈 역시 이와 마찬가지로, 개인적이고 미묘한 감정과 맥락이 얽힌 인간관계를 획일적인 가치 척도와 수치로 표준화한 결과 개인 간 관계의 고유한 특성과 감정적 깊이를 약화 혹은 소거할 수도 있게 된 것이다.

요컨대 짐멜의 화폐 철학은 화폐를 사회적 신뢰에 기반한 '기호적 체계semiotic system' 또는 '상징적 질서symbolic order'로 이해할 것을 제안한다. 화폐는 가치와 의미를 교환하는 '언어적 매개체linguistic medium'로 기능하며, 상징적 소통과 사회적 합의를 조직하는 핵심적인 구조로 작동한다. 화폐의 추상화 과정은 곧 가치의 질적 다양성이 양적 척도로 환원되는 과정을 반영하며, 이는 근대 사회의 합리화 및 비인격화 경향과 긴밀히 연결된다.

짐멜의 이와 같은 통찰은 현대의의 디지털 화폐 환경에서도 적용된다.

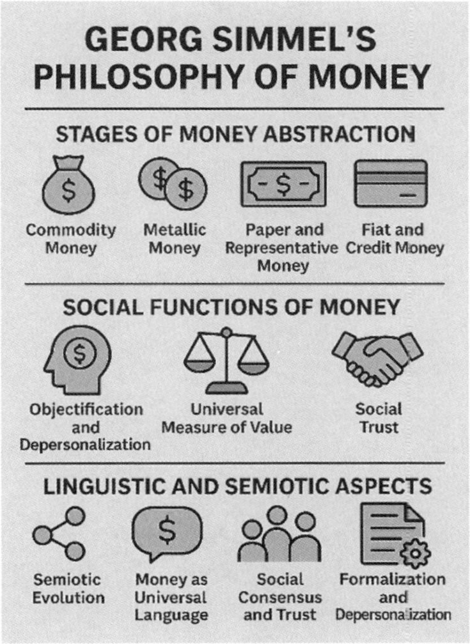

암호화폐, 전자화폐, 모바일 결제 시스템 등은 실물 담보 없이 기호와 약속, 사회적 신뢰에 의해 유지되는 구조로 작동하며, 이는 곧 화폐의 기호적 본질을 극단적으로 구현한 사례라 할 수 있다. 테라와 루나 사태에서 드러난 바와 같이, 기술적 알고리즘보다 중요한 것은 화폐에 대한 사회적 신뢰의 지속 가능성이며, 이 신뢰가 무너질 때 화폐는 기능을 상실한다. 이렇듯 짐멜의 화폐 이론은 디지털 시대에 이르러서도 화폐가 의미, 관계, 주체성을 어떻게 재구성하는지를 분석할 수 있는 이론적 틀을 제공한다. 이는 경제 현상의 사회적 기초를 해명하고, 기술 중심 담론을 넘어 가치와 의미의 생산 조건을 반성하는 인문학적 시야를 확장하는 데 기여할 것이다.

3장

도드의 화폐적 상상

나이젤 도드[11]는 짐멜의 논의를 계승하고 확장하여 돈의 다원성plurality과 사회적 삶 속에서의 작동 방식에 주목한다. 특히 『돈의 사회적 삶』(The Social Life of Money, 2014)은 국가 발행 법정화폐 중심의 사고를 넘어, 다양한 화폐 형태들이 특정한 사회적 맥락 속에서 고유한 의미를 부여받고 소통되는 방식에 대해 조명한다. 화폐를 둘러싼 언어적 실천과 의미 구성 과정을 개괄하는 본서의 방향과도 맞닿아 있는 지점이다.

11 나이젤 도드(Nigel Dodd, 1965-2022)는 영국의 사회학자이자 현대 화폐사회학의 대표적 이론가로, 런던정경대(London School of Economics and Political Science, LSE) 사회학과 교수와 『British Journal of Sociology』의 편집장을 역임했다. 케임브리지대에서 "사회이론 속의 화폐"를 주제로 박사학위를 받았으며, 이후 화폐의 사회적 본질과 다원성, 그리고 현대 사회에서 돈이 갖는 의미를 심층적으로 탐구했다.

3.1. 화폐의 단일성 신화 비판과 다원적 화폐론

도드의 핵심 주장 중 하나는 주류 경제학이나 일반적인 통념 속에 깊이 뿌리 내린 '화폐의 단일성 신화myth of a single, all-purpose money'에 대한 비판이다. 모든 사회에서 모든 목적을 위해 사용될 수 있는 보편적이고 단일한 형태의 화폐만이 진정한 화폐라는 생각에 도전하는 것이다. 역사적으로 다양한 공동체와 사회 집단이 각자의 필요와 가치를 반영하여 다양한 형태의 화폐를 만들어 왔다. 예를 들어, 특정 공동체 내에서만 통용되는 지역 화폐local currency(예: 브리스톨 파운드, 이타카 아워스),[12] 특수 목적(예: 상호부조, 시간 공유)을 위해 설계된 공동체 화폐community currency나 LETS,[13] 심지어 온라인 게임이나 특정 디지털 커뮤니티 내에서 사용되는 가상 화폐 등 다양한 형태가 존재한다. 이러한 여러 형태의 화폐들은 각각 고유한 명칭과 사용 규칙, 그리고 그것을 정당화하는 독자적인 이야기를 보유한다.

12 브리스톨 파운드(Bristol Pound)는 2012년부터 2020년까지 영국 브리스톨 지역에서 운영된 지역통화로, 지역 경제 순환을 촉진하고 독립 상공인을 지원하기 위한 목적으로 브리스톨 시청과 지역은행(Bristol Credit Union)의 협력 하에 발행되었다. 해당 통화는 지폐와 전자 결제 방식 모두를 채택했으며, 브리스톨 내에서만 유효한 교환 수단으로 사용되었다. 반면, 이타카 아워스(Ithaca HOURS)는 1991년 미국 뉴욕주 이타카에서 시작된 시간 기반 지역화폐로, 1 HOUR는 대체로 10달러의 가치로 간주되며, 노동 시간에 기반한 교환 단위로 활용되었다. 두 통화 모두 국가 발행 화폐와는 달리 공동체 내부의 신뢰와 사회적 연대에 기반하여 유통되었으며, 나이젤 도드는 『The Social Life of Money』 및 이후 강연에서 이들을 대표적인 대안화폐 사례로 언급하며, 화폐의 단일성과 국가 중심성에 대한 비판적 관점을 전개한 바 있다.

13 LETS(Local Exchange Trading Systems, 지역교환거래체계): 특정 지역 공동체 내에서 상품이나 서비스를 교환할 때 사용하는 비공식 화폐 시스템이다. 회원들은 노동이나 물품을 제공하고 그에 상응하는 크레딧을 얻거나 사용하여, 국가 화폐 없이도 지역 경제의 순환을 촉진한다.

브리스톨 파운드

이러한 여러 형태의 화폐들은 국가가 발행하는 공식 화폐와 경쟁하거나 그것을 대체하려는 시도일 수도 있지만, 때로는 공식 화폐 시스템이 충족시키지 못하는 사회, 경제, 문화 필요를 보완하거나, 혹은 해당 공동체의 가치와 연대를 강화하는 역할을 수행한다. 따라서 화폐를 단일한 척도로만 이해하려는 시도는 이러한 화폐의 다원성과 그것이 수행하는 복잡한 사회적 기능들, 그리고 각 화폐를 둘러싼 고유한 의미 부여 방식과 소통 체계를 간과하게 만든다고 도드는 비판했던 것이다.

3.2. 화폐적 상상

도드의 논의를 바탕으로, 우리는 다양한 화폐 형태의 출현 근저에 각 사회가 가진 '화폐적 상상monetary imagination'이 자리 잡고 있다고 해석해 볼 수 있다.[14] 그것은 "돈이 무엇이고, 어떻게 작동하며, 어떤 기능을 수행할지에 관한 공동체의 집합적 기대와 관념"을 의미한다. 이러한 관념적 구상은 해당 사회의 역사적 경험, 문화적 가치, 정치적 이념, 그리고 기술적 가능성 등과 상호작용하면서 다양한 화폐 제도의 설계와 실천으로 이어진다.

아래는 화폐적 상상과 그에 따른 화폐 유형의 간략한 예시이다.

화폐적 상상(기대/관념)	화폐 유형 예시	주요 특징 및 기반
국가 주권, 경제 안정, 보편적 통용성	법정화폐 (예: 대한민국 원, 미국 달러)	중앙은행 발행, 법적 강제력, 국가 신용 기반
탈중앙화, 검열 저항, P2P 거래, 기술적 신뢰	암호화폐 (예: 비트코인)	분산 원장 기술(블록체인), 암호학적 합의, 중앙기관 부재
지역 경제 활성화, 공동체 유대, 상호부조	지역/공동체 화폐 (예: 브리스톨 파운드, LETS)	특정 지역/공동체 내 통용, 사회적 가치 중시, 구성원 간 약속과 규약 기반

위의 표에서 보듯 다양한 화폐 유형들은 각각 고유한 화폐적 상상에 뿌리를 두고 있으며, 이러한 상상은 해당 사회의 가치관, 기술 수준, 그리고 정치

14 도드는 사회가 돈에 대해 갖는 집합적 관념, 기대, 상상력의 중요성을 강조하나, '화폐적 상상'이라는 표현을 저서나 논문에서 직접 사용하지는 않았다. 대신 그는 "money can be (re) imagined", "re-imagine and re-organise money", "utopianism in money" 등과 같이 화폐를 둘러싼 상상력과 실천의 중요성을 여러 방식으로 언급한다. '화폐적 상상'은 도드의 논의를 요약하거나 해설할 때 2차 문헌(서평, 논문 등)에서 해석적 용어로 활용되는 편이다.

적 지향점과 연관되어 발현된다. 법정화폐가 국가의 권위와 안정성을 통해 정당성을 확보하는 반면, 암호화폐는 기술적 프로토콜과 커뮤니티의 합의를 통해 새로운 신뢰 기반을 구축한다. 지역 화폐의 경우, 공동체의 연대와 지역 경제의 자생력 강화라는 사회적 목표가 그 존재 이유를 뒷받침한다. 결국, 어떤 화폐적 상상이 사회적으로 수용되고 확산되는 문제는 경제적 효율성뿐 아니라, 해당 사회의 가치와 미래상에 관한 지속적인 논의와 경쟁의 산물이다. 이는 곧 화폐가 단순한 경제적 도구 이상의, 즉 각 공동체가 가진 고유한 '의사소통의 체계'임을 보여준다. 각 사회의 독특한 역사와 문화적 맥락 속에서 발전해온 개별 '언어'처럼, 저마다의 상징 체계와 소통 방식을 지니게 된 것이다.

이러한 관점은 화폐를 경제적 가치의 매개체로만 한정하지 않고, 그 이면에서 이루어지는 사회적 의미 교환과 문화적 담론 형성의 과정으로 우리의 시선을 확장한다. 이처럼 화폐가 지닌 고유한 서사와 기호적 실천에 주목하는 언어학적 접근은, 디지털 시대에 더욱 복잡하고 다채로워진 화폐 현상을 해석할 수 있는 도구가 되기에 충분하다. 화폐는 사회적 상상력과 언어적 실천이 결합된 살아 있는 기호로서, 각 사회의 가치와 정체성, 그리고 집단적 경험을 반영하며, 이를 통해 사회 구성원들 간의 의미 있는 소통과 새로운 문화적 질서의 형성을 이끌어낸다.

3.3. 언어적 상상

화폐적 상상의 논의를 연장하여 『언어적 상상linguistic imagination』이라는 개념을 '상상'해보자. 도드가 화폐적 상상을 통해 사회 구성원들이 돈의 본질, 기능,

작동 방식에 대해 집합적으로 기대하고 상상하는 과정을 조명했다면, 언어적 상상은 각 사회가 언어를 매개로 고유한 사회적·문화적 정체성을 구축하고, 의미를 생산·재구성하는 과정에 해당한다고 할 수 있겠다.

예를 들어, 표준어는 국가적 권위와 중앙집권적 질서에 기반한 공식적 소통의 도구로 기능하는 반면, 방언이나 사투리는 특정 지역 공동체의 연대감과 정체성을 상징하는 언어적 실천으로 작동한다. 또한, 전문어와 은어는 특정 직업 집단이나 하위문화 내부에서만 통용되는 독자적 소통 체계를 형성함으로써, 사회 경계와 집단의 정체성을 강화한다. 즉, 언어적 상상은 각기 다른 역사적 맥락, 사회적 경험, 문화적 조건 속에서 다양하게 발전하며, 공동체 구성원 간의 상호작용을 통해 지속적으로 재구성된다.

이러한 관점은 화폐적 상상과 언어적 상상 사이의 유비 관계를 드러낸다. 법정화폐와 표준어가 국가의 권위와 중앙의 통제에 기반을 두고 있다면, 암호화폐와 인터넷 신조어는 탈중앙화된 기술 환경과 수평적 커뮤니케이션을 통해 새로운 집단적 신뢰와 정체성을 형성한다. 지역화폐가 특정 지역 공동체의 연대를 표현하고 강화하는 것처럼, 방언과 사투리 역시 지역 공동체 내부의 유대를 나타내고 구성원들의 정체성을 심화하는 역할을 수행한다.

언어적 상상이라는 개념은, 화폐가 사회적 소통 체계로 기능한다는 도드의 통찰을 확장하여, 돈과 언어 모두가 사회적 의미를 형성하는 데 있어 공유하는 구조와 원리를 해명하는 이론적 자원이 될 수 있다. 화폐와 언어는 각각의 사회적 맥락 속에서 고유한 상징 체계와 소통 방식을 발전시키며, 그 과정에서 사회적 의미와 집단 정체성을 창출한다. 특히 디지털 전환 이후, NFT, 게임 머니, 암호화폐 등은 점차 언어적 상징, 문화적 내러티브, 집단적 정체성을 매개로 유통되는 경향을 보이며, 화폐의 '의미화된 기호'로서의 성격이 더욱 부각되고 있다. 이러한 현상은 화폐가 사회적 상상력과 언어적 실천이 교차하는 일종의 기호적 장field임을 시사한다. 화폐를 언어처럼 읽고 해석하는 우리의 접근이 일부 타당성을 확보하는 듯하다.

4장

시각적 기호로서의 화폐

화폐는 그 자체로 다양한 의미를 전달하는 시각적 기호 체계로도 기능한다. 지폐 디자인, 암호화폐 로고 등은 사회적 가치, 국가적 정체성, 기술적 지향점, 심지어 공동체의 열망까지도 표현하는 상징물로서 문화적 텍스트의 역할을 하고 있다.

4.1. 지폐 디자인의 상징

각국의 지폐는 고유한 도안, 색채, 인물, 상징물 등을 통해 국가의 정체성과 권위를 시각적으로 표상한다. 지폐 디자인에 사용되는 주요 상징 요소와 의미를 보자.

- **인물 초상**

  역사적 위인, 정치 지도자, 문화 예술인 등의 초상은 국가가 지향하는 가치와 이상을 상징한다. 미국 달러 지폐에 등장하는 조지 워싱턴과 같은 건국의 아버지들은 국가의 역사적 정통성과 건국 이념을 상징하며, 대한민국 원화의 세종대왕 초상은 한글 창제라는 업적과 민족 자부심을 나타낸다. 이는 지폐의 신뢰성을 높이고 국가 권력의 정당성을 시각적으로 강화하는 역할을 한다.

- **자연 및 건축물**

  국토를 대표하는 자연경관이나 역사적 건축물은 국가의 역사, 문화유산, 그리고 영토적 정체성을 드러낸다. 유로화 지폐에는 특정 국가를 지칭하지 않는 가상의 건축 양식(창문, 문, 다리 등)이 그려져 있는데, 이는 유럽 국가들 간의 개방, 협력, 그리고 통합이라는 이상을 상징적으로 보여준다. 이러한 요소들은 지폐 사용자에게 국가에 대한 소속감과 공동체 의식을 환기시킨다.

- **문양 및 패턴**

  전통 문양, 기하학적 패턴, 국장(國章) 등은 해당 국가의 고유한 미적 감각과 문화적 전통을 반영한다. 동시에 이러한 문양들은 위조 방지를 위한 기술적 요소와 결합되어 지폐의 진본성을 담보하는 시각적 장치로도 기능한다.

- **색채**

  지폐에 사용되는 주조색 역시 상징적 의미를 지닌다. 특정 색은 국가의 상징색과 연결되거나, 안정감, 신뢰, 부와 같은 추상적 개념을 환기시킨다.

- **문자 및 숫자**

  액면가를 나타내는 숫자 외에도, 국가명, 발행 기관, 법적 효력에 대한 문구 등은 지폐의 공신력을 부여하는 기호이다. 사용되는 서체 또한 국가의 이미지를 형성하는 데 기여한다.

이처럼 지폐 디자인은 미적 장식을 넘어, 국가의 이념, 역사, 문화를 응축하여 전달하는 시각적 서사 매체이다. 지폐를 사용하는 행위는 이러한 국가적 서사를 일상적으로 접하고 내면화하는 과정이기도 하다.

4.2. 암호화폐 로고의 상징

디지털 시대의 새로운 화폐 형태인 암호화폐는 전통 화폐와는 다른 방식으로 자신들의 정체성과 지향점을 시각화한다. 암호화폐 로고의 상징적 요소와 특징을 알아보자.

- **추상적·기하학적 형태**

  비트코인의 B와 두 개의 수직선, 이더리움의 마름모꼴 겹침(옥타헤드론) 등은 전통적인 화폐 도안과는 확연히 다른 추상적이고 기하학적인 형태를 취한다. 이는 기술적 혁신성, 디지털 네트워크, 그리고 수학적 알고리즘에 기반한 시스템의 특성을 시각적으로 암시한다.
- **미래지향적·기술적 이미지**

  많은 암호화폐 로고는 사이버 공간, 네트워크 연결, 회로도, 데이터

비트코인, 이더리움 로고

흐름 등을 연상시키는 디자인을 채택한다. 이는 암호화폐가 블록체인이라는 첨단 기술에 기반하며, 미래 금융 시스템을 지향한다는 메시지를 전달하려는 의도로 해석될 수 있다.

- **탈중앙성과 개방성**

  특정 국가나 중앙기관의 통제를 벗어난 탈중앙성을 강조하는 암호화폐의 이념은 로고 디자인에도 반영된다. 열린 형태, 분산된 요소, 네트워크를 형상화한 디자인 등은 중앙 집중적인 권위보다는 수평적 연결과 개방성을 상징하는 경향이 있다. 예를 들어, 비트코인의 로고는 전통적인 화폐 기호(달러 $, 유로 € 등)와 유사한 형태를 취하면서도, 기존 금융 시스템에 대한 대안적 성격을 드러낸다.

- **커뮤니티와 정체성**

  특정 암호화폐를 지지하고 사용하는 커뮤니티는 로고를 통해 소속감과 정체성을 공유한다. 로고는 단순한 식별 표시를 넘어, 해당 암호화폐가 추구하는 가치와 비전을 공유하는 이들을 결집하는 상징으로 기능한다.

지폐 디자인과 암호화폐 로고는 모두 단순 식별 기능을 넘어 복잡한 의미를 생성하고 사회적으로 소통하는 시각적 기호이다. 전통 지폐가 국가의 권위와 역사적 정통성을 시각적으로 각인시킨다면, 암호화폐 로고는 기술적 혁신, 탈중앙화된 미래, 그리고 새로운 공동체의 가능성을 상징적으로 제시한다. 이러한 시각적 기호들은 사용자의 인식과 태도에 영향을 미치며, 화폐의 가치와 신뢰를 구축하는 역할을 한다.

4.3. 시각화의 문법

언어의 문법이 단어를 조합해 의미의 세계를 구축하듯, 화폐의 초상, 색상, 숫자, 문양은 각기 고유한 규칙과 질서 속에서 배치되어 사회적 메시지를 직조한다. 이 질서는 화폐에만 국한되지 않는다. 도로 표지판, 안내판, 브랜드 로고, 지도와 같은 우리가 매일 마주치는 시각적 기호들 역시 저마다의 문법을 품고 있다. 붉은 원과 파란 사각형이 교통의 흐름을 통제하듯, 지폐의 색상과 구성은 경제적 안정과 신뢰를 시각적으로 암시한다. 이렇듯 『화폐의 시각적 문법』은 사회적 합의와 관습의 산물이며, 그 질서가 유지될 때 우리는 혼란 없이 의미를 해석한다.

그러나, 문법이 존재한다면 비문(非文)도 존재하기 마련이다. 『시각적 비문』은 규칙의 일탈, 기대의 전복에서 발생한다. 지폐에서 초상과 숫자의 위치가 뒤바뀌거나, 도로 표지판의 색상이 무작위로 바뀐다면 정보는 흐려지고, 사용자는 불안과 혼란에 휩싸일 것이다. 화폐나 공공 표지판처럼 신속하고 정확한 정보 전달이 필수적인 매체에서 이러한 비문은 치명적일 수

화폐의 시각적 문법이 전복된 사례

있다.

하지만 모든 비문이 반드시 부정적인가? 예술과 실험적 디자인의 세계에서는 오히려 이 비문이 새로운 인식의 문을 연다. 익숙한 질서를 깨뜨리는 시각적 일탈은 관람자의 주의를 환기시키고, 일상적 인식의 틀을 흔든다. 기존 문법의 권위와 고정관념에 균열을 내는 것, 바로 그 순간이 창조적 사유의 출발점이 된다.

따라서 연구자로서 우리가 해야 할 일은, 화폐의 시각적 문법을 그대로 수용만 할 것이 아니라, 그 문법이 누구에 의해, 어떤 방식으로 형성되고 유지되는지, 그리고 그 이면에 어떤 권력과 사회적 의미가 잠재해 있는지 질문하는 것이다. 화폐라는 시각적 기호는 단순한 정보 전달의 도구가 아니라, 권력과 질서, 그리고 때로는 저항과 전복의 가능성까지 품고 있는 사회적 텍스트가 될 수도 있음을 염두에 두고서 말이다. 익숙함을 의심하는 것, 화폐의 문법이 곧 사회의 문법이라는 것, 그리고 그 문법의 균열에서 새로운 의미의

가능성을 보는 것, 화폐라는 기호를 읽는 또 하나의 방법이 될 것이다.[15]

15 브라질의 개념 미술가 씰두 메이렐레스(Cildo Meireles)는 1970년경 'Insertions into Ideological Circuits: Banknote Project'에서 브라질 크루제이루 지폐에 "Yankees Go Home", "Quem Matou Herzog?"(헤르조그를 죽인 자는 누구인가?)와 같은 정치 풍자 메시지를 스탬프로 찍어 유통시켰다. 이 작업은 군사 독재 정권의 통제 하에 국가 권위와 상징 체계의 경계를 흔들며, "누가 지폐에 등장할 자격이 있는가"라는 정치적 질문을 금융 시스템 내부에 삽입하는 예술적 개입으로 평가된다. 유사하게, 영국의 거리 예술가 뱅크시(Banksy)는 2004년 "Di Faced Tenner" 프로젝트를 통해 10파운드 지폐의 엘리자베스 2세 초상을 다이애나 왕세자비로 대체하고, 'Bank of England'를 'Banksy of England'로 바꾸는 변형된 지폐를 제작해 대량 유통하며, 화폐의 공식 상징 질서를 풍자하고 국가 권위와 정체성에 대한 질문을 던졌다. 이러한 사례들은 화폐의 시각적 문법이 고정불변한 질서가 아니라, 사회적·정치적 맥락에 따라 끊임없이 도전받고 재구성될 수 있는 텍스트임을 보여주며, 결국 화폐란 '무엇을 상징하느냐'의 문제가 아니라 '누가 상징하고, 누가 배제되는가'라는 권력의 문제가 핵심임을 환기한다.

5장

화폐의 물질성과 형태 : 음성·형태론적 접근

지금까지 우리는 화폐를 기호학적 관점에서 독해하고, 그 철학적 본질과 사회적 다원성을 탐색했으며, 화폐가 지닌 시각적 상징성까지 살펴보았다. 이러한 논의를 바탕으로, 본 장에서는 화폐 기호가 갖는 또 다른 차원, 즉 그것의 물질성materiality과 형태form에 접근한다. 이를 위해 언어학의 하위 분야 가운데 음성학, 음운론 및 형태론의 기초 개념을 유비적으로 적용할 것이다.[16] 언어가 음성이라는 물질적 매체를 통해 실현되고, 형태소와 단어라는 구조적 단위를 통해 의미를 전달하듯, 화폐 역시 그 물질적 특성과 형태적 구성을 통해 가치를 표상하고 사회적 의미를 생성하니 말이다.

16 음성학(phonetics): 언어 소리의 물리적 특성을 연구하는 분야; 음운론(phonology): 언어 소리의 체계적 구조와 기능을 연구하는 분야; 형태론(morphology): 단어의 구조와 형성을 연구하는 분야.

5.1. 화폐의 음성·음운론적 유비

음성학이 발화의 물리적 속성을, 음운론이 말소리가 체계 내에서 기능하는 방식을 다루듯, 화폐의 물질적 측면도 유사한 관점에서 분석할 수 있다.

- **화폐의 음성적 특질과 감각적 인지**

  화폐는 다양한 감각적 경험을 통해 인지된다. 동전이 부딪히며 내는 소리, 손에 쥐었을 때 느껴지는 금속의 온도와 무게, 지폐의 빳빳하거나 부드러운 질감, 특유의 잉크 냄새 등은 화폐의 물리적 실체를 확인시켜 준다. 이러한 감각적 특질들은 사용자가 화폐의 가치를 어림하거나 진위를 판별하는 무의식적 단서를 제공하기도 한다. 예를 들어, 동전의 무게나 크기의 미세한 차이, 지폐 표면의 촉감은 위조 여부를 의심하게 만드는 요인이 될 수 있다. 이는 마치 언어에서 발음의 명료도나 특정 음성의 물리적 특징이 청자의 이해도나 화자에 대한 인상에 영향을 미치는 것과 유사하다. 더불어 화폐의 물질성이 주는 감각적 경험은 신뢰감, 안정감, 불안감 같은 정서적 반응을 유발하기도 하는데, 이는 음성적 특질에서 거론되는 초분절적 기능과 비견될 수 있다.[17]

17 초분절적(suprasegmental) 기능: 음성적 특성 중 개별 음소(phoneme)인 자음이나 모음과 같은 분절적(segmental) 단위보다 더 넓은 차원에서 나타나는 음성 현상을 가리킨다. 강세(stress), 억양(intonation), 리듬(rhythm), 성조(tone) 등이 이에 속하며, 같은 음소 배열을 가진 문장이나 단어라도 억양이나 강세, 리듬의 차이에 따라 의미나 화자의 태도와 감정이 달라질 수 있다. 예를 들어, 같은 문장 "괜찮아"도 부드럽게 낮은 톤으로 말하면 위로의 의미가 되지만,

- **화폐의 음운론적 변별 자질**

음운론에서 음소phoneme를 구별하는 변별 자질처럼, 화폐 시스템에서도 각 화폐 단위를 구별하는 물질적·형태적 요소들이 존재한다.[18] 동전의 경우, 크기, 두께, 금속 재질, 가장자리의 질감 등이 10원, 100원, 500원 등 서로 다른 액면가를 식별하는 『화폐적 자질』로 작용한다. 지폐에 있어서는, 주조색, 인물 초상, 감추어진 문양, 크기 차이 등이 그러한 기능을 한다. 이러한 체계는 음운론의 자질처럼 사회적으로 약속된 체계이며, 위조 화폐가 아무리 정밀하게 외양을 모방하더라도, 요판 인쇄의 미세 돌출, 특수 잉크의 광학 반응, 감지 불가능한 텍스처의 차이 등 은밀한 자질까지 복제하긴 어렵다. 이는 일종의 '잘못된 발음misarticulation'처럼 감식 장치나 사용자에게 인지적 위화감을 줄 수 있다. 디지털 화폐에서도 유사한 구조를 발견할 수 있다. 물리적 형체는 없지만, 블록체인 구조, 해시값, 암호화 키, 트랜잭션 불변성 등은 해당 화폐가 위조되지 않았음을 보장하는 『디지털 자질』의 역할을 한다. 이 자질 체계는 음운론에서 발음 체계가 그렇듯, 정상·비정상 화폐를 구별짓는 추상적 규칙의 체계라고 할 수 있다.

날카로운 억양이나 높은 톤으로 발화하면 반어적이거나 비판적인 의미를 전달하게 된다. 즉, 초분절적 기능은 언어 표현의 정서적, 의미적 미묘함을 만들어내는 역할을 한다.

18 변별(적) 자질(distinctive feature): 음운론에서 음소(phoneme)를 구별해 주는 최소한의 음운적 특성. 예컨대 한국어에서 /ㄷ/과 /ㄸ/을 구별하는 긴장성(tense)처럼, 변별적 자질의 유무는 의미 차이를 가져온다. 따라서 변별적 자질은 한 언어의 의미 구분과 소통에 필수적이며, 음소를 식별하고 분류하는 데 사용되는 핵심적 기준이다.

이런 비유적 관점이 생경하게 느껴진다면 좀 더 실제적인 차원에서 접근해 보자. '거래'를 일례로 들어본다면, 그것은 결국 화폐가 갖는 고유한 변별적 자질을 확인하는 과정이라고 할 수 있다. 언어학에서 발화는 음운적 규칙에 맞아야 비로소 의미를 전달한다. 음소 하나가 변별적 자질을 잃거나 왜곡되면 소통에 실패하듯, 화폐의 거래에서도 지폐의 크기, 무게, 특수 잉크, 숨은 그림과 같은 변별적 자질이 정확하게 일치해야만 화폐는 의미 있는 가치로 인정받는다. 디지털 화폐의 거래 검증 과정은 더욱 흥미롭다. 블록체인의 합의 알고리즘은 정확한 암호학적 코드의 일치 여부를 판단하며, 트랜잭션의 무결성과 정당성을 검증한다. 이는 언어가 음운 규칙의 엄격한 적용을 통해 의미를 부여하는 방식과 동일한 메커니즘이다. 블록체인상에서 거래 기록의 미세한 오류, 코드의 작은 불일치는 거래의 무효화로 이어진다. 이로 인해 발생하는 위조나 잘못된 거래는 화폐 시스템 안에서의 비문에 해당하며, 언어적 의미를 상실한 발화처럼 소통 불가능한 것으로 취급된다. 이처럼 거래의 본질을 언어적 변별 자질과 음운적 규칙으로 바라볼 때, 화폐를 둘러싼 거래 시스템의 구조와 작동 원리를 새로운 시각에서 조망할 수 있다.

5.2. 화폐의 형태론적 유비

형태론이 단어의 내부 구조와 형성 원리, 즉 형태소morpheme들의 결합 방식을 다루는 것처럼, 화폐 역시 개별 단위들이 모여 더 큰 가치를 형성하고, 그 형태적 구성을 통해 다양한 의미를 파생시킨다.

- **화폐 단위와 형태소**

가장 기본적인 화폐 단위(예: 1원, 1센트)는 언어에서 더 이상 분석할 수 없는 의미의 최소 단위인 형태소에 비유될 수 있다. 이러한 기본 단위들은 정해진 규칙에 따라 더 큰 액면가의 화폐 단위를 형성하는데, 이는 마치 형태소들이 결합하여 단어를 이루는 과정과 유사하다. 각 화폐 단위는 고유한 어휘적 의미(액면가)를 지니며, 지폐나 동전에 새겨진 숫자, 문자, 도안 등은 이러한 의미를 명시적으로 표시하는 역할을 한다.

- **화폐의 파생과 합성**

기존 화폐의 형태에 특별한 의미나 기능이 부가되어 새로운 종류의 화폐가 만들어지는 것은 언어의 '파생derivation' 과정과 유사하다. 특정 사건이나 인물을 기념하기 위해 발행되는 기념주화(예: 한국의 88서울올림픽 기념주화, 미국의 50개 주 기념 쿼터 주화)나 기념지폐는 통용화폐라는 '어근root'에 '기념'이라는 특별한 의미가 부가된 파생물이다. 상품권, 지역화폐, 특정 플랫폼에서만 사용되는 포인트 역시 법정화폐와는 다른 사용 범위나 목적을 지닌 파생적 화폐 형태로 이해할 수 있다. 한편, 서로 다른 종류의 화폐가 결합되어 하나의 지불 수단을 구성하는 경우(예: 현금과 신용카드의 복합 결제), 혹은 신용카드와 간편결제 시스템(예: 카카오페이, 애플페이)을 혼합해 사용하는 사례는 여러 단어가 결합하여 새로운 의미 단위를 형성하는 '합성compounding' 과정에 비견된다 하겠다.

- **디지털 화폐의 형태론적 특징**

디지털 화폐, 특히 암호화폐의 경우 그 형태론적 구조는 더욱 복잡하고 새로운 양상을 띤다. 비트코인 주소나 이더리움 트랜잭션 해시값 등은 무작위적으로 보이는 긴 문자열로 구성되지만, 이는 암호학적 알고리즘이라는 정교한 문법에 따라 생성된, 고유한 식별 기능을 수행하는 '단어' 또는 '구phrase'로 볼 수 있다. 스마트 컨트랙트는 특정 조건이 충족되면 자동으로 계약 내용이 실행되도록 프로그래밍된 코드로, 이는 복잡한 조건절과 수행문으로 구성된 언어의 '문장sentence' 구조와 유사성을 지닌다.

『화폐형태론Monetary Morphology』이라는 새로운 분야를 가정할 수 있다면, 이는 언어학의 어형성 과정에서 파생과 합성이 갖는 정교하고 복잡한 규칙성을 화폐의 형태적 진화에 적용하는 시도가 될 것이다. 언어에서 새로운 단어가 생성될 때는 형태소의 결합 순서, 결합 가능성, 의미적 제약 등 구체적이고 체계적인 규칙들이 존재한다.[19] 화폐의 생성과 변화 역시 무작위적이거나 우연한 과정이 아니라, 사회적 필요와 경제적 요구에 따라 특정한 요소들이 일정한 규칙성을 갖추고 결합되는 과정을 거친다. 예를 들어, 지역 경제 활성화라는 목적을 위해 지역화폐가 생성될 때는 지역의 경제 규모, 소비 패턴, 정책적 지원 같은 특정 조건이 갖춰져야만 비로소 사회적으로 의미 있는 화폐 형태로 용인된다. 어떤 조건에서 특정 화폐 형태가 수용되는지, 어떤 사회

19 예를 들어, happy에는 -ness가 붙여 happiness가 가능하지만, -ity를 붙인 *happity는 불가능하다. 반면 possible에는 -ity만 붙여 possibility가 자연스럽고, *possibleness는 쓰이지 않는다. 또 friend에는 -ship을 붙여 friendship은 가능하지만, *friendness는 그렇지않다. 이러한 결합 가능성과 순서는 단순한 품사 규칙이나 의미만으로 설명되지 않으며, 형태론적 파생과 합성이 실제로는 예측하기 어려운 복잡성을 지닌다는 점을 보여준다.

적 맥락과 정책적 환경이 화폐의 성공과 실패를 결정하는지, 이렇듯 언어학적 관점을 대입해보는 것은, 화폐의 형태적 결합과 변화 과정에 내재된 복잡한 규칙성과 구조를 고려함으로써, 미래 사회에 등장할 화폐 형태의 가능성과 한계를 가늠하는 근거로 활용될 수도 있을 것이다.

이상 우리는 화폐의 물질성과 형태를 언어학 중에서도 음성·음운론, 그리고 형태론적 관점에 비추어 살펴보았다. 동전과 지폐, 디지털 화폐의 감각적 특질과 구조적 차이는 언어의 음성적 변별성과 형태소 결합 원리와 유사한 방식으로 사회적 의미를 형성한다. 특히 형태론적 시각에서 볼 때, 화폐의 기본 단위와 그 결합, 파생, 합성의 과정은 언어에서 단어가 생성되고 확장되는 구조와 흡사하게 작동한다. 이러한 접근을 통해, 화폐가 사회적 약속과 규칙, 그리고 문화적 맥락 속에서 다양한 방식으로 해석되고 수용되는 과정을 조망할 수 있었다. 언어학적 시선으로 화폐의 '몸'과 '구조'를 들여다보는 일은, 익숙했다고 생각했을지 모르는 화폐의 세계에 다른 차원의 해석 가능성을 열어준다.

Part I. 요약 및 과제

| 요약 |

소쉬르의 기호학적 관점에서 화폐는 물리적 형태(기표)와 사회적으로 약속된 가치(기의)가 자의적으로 결합된 기호로서, 그 의미는 사회적 합의와 신뢰에 의해 유지된다. 짐멜의 철학적 접근에 따르면, 화폐는 역사적으로 점차 물질적 실체에서 분리되어 추상적 상징으로 진화해왔으며, 이 과정에서 사회적 신뢰와 객관화된 관계망의 매개체로 기능하게 되었다. 도드는 화폐의 단일성 신화를 비판하며, 각 사회가 지닌 고유한 화폐적 상상을 바탕으로 지역화폐, 공동체 화폐 등 다양한 형태의 화폐를 소개한다. 이러한 다원적 화폐들은 특정 공동체의 가치, 정체성, 신뢰의 기반을 반영하며, 화폐가 사회적 소통의 체계이자 집단 정체성의 상징임을 보여준다. 또한 지폐의 디자인과 암호화폐 로고는 국가적 정체성, 공동체적 가치 및 기술적 이상을 시각적으로 압축한 상징으로 기능하고, 화폐의 물질성과 형태 역시 언어의 음성적·형태론적 특성과 유사하게 사회적 의미를 생성하고 전달하는 구조적 원리를 내포하고 있다. 요컨대 화폐는 사회적 합의와 문화적 정체성을 연결하는 언어적 매개체라 할 수 있다.

토론

1. 소쉬르의 기표·기의 개념을 적용하여 현대 사회의 새로운 결제 수단(예: 모바일 페이, 간편 결제)의 기호학적 특징을 분석하고 토론하시오. 이러한 결제 수단에서 기표와 기의는 무엇이며, 그 관계는 전통 화폐와 어떻게 다른가?
2. 짐멜은 돈이 사물을 비인격화하고 객관화한다고 보았다. 오늘날 플랫폼 경제나 공유 경제에서 사용되는 다양한 형태의 토큰이나 포인트도 이러한 특성을 보이는가? 아니면 오히려 새로운 인격적 관계나 공동체적 유대를 형성하는가?
3. 지폐 디자인과 암호화폐 로고 외에, 우리가 일상에서 접하는 다른 경제적 기호(예: 신용카드 디자인, 브랜드 로고, 가격표시 방식 등)에는 어떤 상징과 의미가 담겨 있다고 생각하는가? 몇 가지 사례를 찾아 그 기호학적 의미를 분석하고 발표해 보시오.
4. 화폐의 음성·음운론 및 형태론적 특징이 디지털 화폐에서는 어떻게 나타나는지, 혹은 전통 화폐와 비교하여 어떤 점에서 근본적인 차이를 보이는지 토론해 보시오.

| 탐구 |

1. 특정 국가의 지폐를 선정한 후, 사용된 인물, 상징, 색채, 문구 등이 해당 국가의 역사, 문화, 이념을 어떻게 반영하고 있는지 심층 보고서를 작성하시오.
2. 특정 암호화폐의 로고 디자인과 백서white paper를 분석하여, 그것이 지향하는 가치, 기술적 특징, 커뮤니티의 성격 등을 어떻게 시각적·텍스트적으로 표현하고 있는지 연구하시오.
3. 화폐적 상상의 개념을 바탕으로, 역사적으로 존재했거나 현대 사회에 등장한 대안 화폐 또는 지역 화폐 사례를 조사하고, 그 화폐가 기존 법정화폐와 다른 어떤 사회적 의미와 기능을 수행하고자 했는지 분석하시오.
4. 전통 화폐, 암호화폐, 중앙은행 디지털화폐CBDC의 명명naming 전략을 비교 분석하고, 이러한 언어적 변화가 '가치'와 '신뢰'에 대한 사회적 인식의 변천을 어떻게 반영하는지 심층 보고서를 작성하시오. (부록 예시 1 참조)[20]

20 각 파트의 토론 또는 탐구 과제 중 하나를 선정, 〈부록〉에서 예시 사례로 제시함.

언어 행위와 화폐의 존재론적 구성

Part II

지폐의 생산 비용은 그 액면가에 비해 매우 낮으며, 디지털 화폐는 물리적 실체조차 없다. 그럼에도 불구하고 이러한 화폐들이 실질적인 구매력을 행사하고 경제 시스템의 근본 토대로 작동하는 이유는 무엇인가? 그 가치에 대한 광범위한 사회적 동의와 신뢰는 어떻게 생성되고 유지되는가? 이러한 질문은 화폐의 존재론적 기반을 탐구하는 과정에서 언어의 근본적인 역할에 주목하게 한다. 이에 Part II에서는 화폐 현상 이면에 존재하는 언어의 수행적 힘과 사회적 약속 등 화폐 현상을 이해하기 위한 이론적 토대를 살펴본다.

6장

사회적 실재로서의 화폐(존 설)

설[21]은 『사회적 실재의 구성The Construction of Social Reality』(1995)에서 물리적 세계와 독립적으로 존재하는 인간만의 독특한 사회·제도적 현실이 어떻게 언어를 통해 창조되고 유지되는지를 분석하였다. 이를 기반으로 화폐가 규범적 힘을 지닌 사회적 제도로서 기능하는 방식을 알아보자.

21 존 설(John Searle, 1932~)은 미국의 분석철학자로, UC Berkeley에서 교수로 재직하며 언어철학, 마음의 철학, 사회철학 분야에서 널리 활동하였다. 위에서 언급된 『사회적 실재의 구성』 이외에도 『언어행위(Speech Acts, 1969)』, 『의도성(Intentionality, 1983)』, 등의 대표적 저작이 있으며, 중국어 방 논증(Chinese Room Argument)을 통해 인공지능 철학 논쟁에도 기여를 했다.

존 설

6.1. 두 가지 유형의 사실

설은 우리가 경험하는 세계의 사실들을 두 가지 유형으로 구분한다.

첫째는 객관적 사실brute facts[22]로, 인간의 의견이나 태도와는 무관하게 존재하는 사실이다. "에베레스트 산은 지구에서 가장 높은 산이다", "금은 원자번호 79번의 원소이다"와 같은 사실은 인간의 제도나 약속 없이도 참이다.

둘째는 제도적 사실institutional facts로서, 인간의 제도와 합의에 의존하여

22 우리말로는 brute fact를 주로 '객관적 사실', '물리적 사실', '기초적 사실', '원초적 사실' 등으로 옮기는데, 일반적으로 '객관적 사실'로 많이 통용되나, 인간 제도와의 무관성을 명확히 강조하기 위해 '물리적 사실' 또는 '기초적 사실'이라고 옮기는 것이 더 정확하다는 의견도 있다.

존재하는 사실이다. 제도적 사실은 물리적 대상 그 자체의 속성이 아니라, 인간이 그 대상에 부여한 지위status와 기능function에 의해 성립한다. "이 종이 조각은 20달러 지폐이다", "그는 미국의 대통령이다", "이 건물은 나의 집이다"와 같은 진술이 이에 해당한다. 이러한 사실은 공동체의 집합적 동의와 수용collective acceptance or recognition 없이 존재할 수 없다. 화폐는 이러한 제도적 사실의 가장 대표적인 예가 된다. 특정 종이나 금속 조각, 혹은 디지털 데이터가 교환 매개, 가치 저장, 회계 단위로 역할을 할 수 있는 것은, 물리적으로 특별해서가 아니라, 우리가 그러한 지위와 기능을 부여하기로 동의했기 때문이다.

6.2. 집합적 의도성

제도적 사실의 존재론적 기반은 집합적 의도성collective intentionality이다. 집합적 의도성이란,

- 우리는 [어떤 대상이나 상황 S]가 [특정 상태 p]라고 함께 믿는다
  (예: 우리는 저 선이 국경이라고 믿는다)
- 우리는 [어떤 행위 A]를 함께 할 의도이다
  (예: 우리는 함께 이 음악을 연주할 의도이다)

와 같이 공유된 의식 상태를 의미한다. 설의 관점에서, 화폐는 이러한 집합적 의도성을 통해 "X는 C라는 맥락에서 Y로 간주된다(X counts as Y in C)"라는 기본 구조로 생성되고 유지되는 대표적인 제도적 사실이다.

- X항: 물리적 대상이나 현상 (특정 디자인의 종이 조각, 금속 원반, 특정 암호화 코드)
- Y항: X항에 부여된 지위와 그에 따르는 기능 (법화, 지불수단, 특정 액면가의 가치)
- C항: 해당 지위 부여가 유효한 맥락 또는 조건 (특정 국가의 법률 시스템, 특정 온라인 커뮤니티, 특정 시간과 장소)

예를 들어,

- 이 특정한 디자인과 재질의 종이 조각(X)은 대한민국 법률 시스템 하에서(C) 10,000원의 가치를 지닌 법화(Y)로 간주된다

라고 하면, X항 자체는 물리적 속성만을 지니지만, 집합적 의도성에 의해 Y라는 새로운 지위와 그에 수반되는 기능(상품 구매, 부채 상환)을 부여받게 된다. Y 지위는 X의 물리적 구조만으로는 설명될 수 없다. 즉, 10,000원 지폐의 구매력은 종이 자체의 물리적 속성 때문이 것이 아니라, 사회 구성원들이 그것을 10,000원의 구매력을 가진 것으로 집합적으로 인정하고 받아들이기 때문에 발생하는 것이다.

6.3. 지위 기능 선언

설은 이러한 제도적 사실, 즉 Y 지위를 창출하고 유지하는 언어 메커니즘으

로 지위 기능 선언status function declarations을 제시했다. 선언declaration은 존 오스틴J. L. Austin이 처음 제시한 수행적 발화performative utterance의 한 유형으로, "말함으로써 현실을 만들어내는" 언어 행위이다.[23] 화폐의 경우, 정부나 중앙은행이 "이 새로운 디자인의 주화, 지폐는 현 시점을 기해 법화legal tender이다"라고 공표한다면, 그 행위는 대표적인 지위 기능 선언이 된다. 이러한 선언은 단순한 기술description이 아니라, 해당 대상에 법적 통용력과 특정 액면 가치라는 새로운 지위를 창조하는 수행적 힘을 지닌다. 이러한 선언이 이루어지고 사회 구성원들에 의해 집합적으로 수용되면, 그 대상은 화폐로서의 기능을 시작한다.

이러한 지위 기능 선언은 화폐에만 국한된 현상이 아니다. 우리 사회의 수많은 제도적 사실들이 이와 유사한 언어적 메커니즘을 통해 구성된다. 예를 들어,

- 특정인이 선거를 통해 "대통령으로 당선되었음"을 선포하는 순간, 그 개인은 국가 원수라는 새로운 지위와 그에 따르는 권한 및 책임을 부여받는다.

23 존 오스틴(John Austin, 1911–1960)은 영국의 철학자로, 화행이론(speech act theory)의 기초를 마련한 언어철학의 대표 주자이다. 그의 사후 출간된 『How to Do Things with Words』(1962)는 언어를 단순한 묘사가 아닌 사회적 행동으로 보고, 발화행위(locutionary act: 말의 문자적 의미와 구조), 발화수반행위(illocutionary act: 발화의 의도나 힘), 발화효과행위(perlocutionary act: 청자에게 미치는 효과)의 세 가지 차원으로 나누어 분석하였다. 설은 이 화행이론을 계승하여 체계화한 그의 제자이다. 오스틴의 이론은 이후 언어철학과 사회철학에 큰 영향을 미쳤다.

- 법정에서 판사가 "피고에게 유죄를 선고한다"라고 말하는 것은 피고에게 유죄인이라는 법적 지위를 부여하고, 그에 따른 처벌이라는 결과를 현실화한다.
- 스포츠 경기에서 심판이 특정 선을 "골라인"으로 선언하거나 특정 행위를 "반칙"으로 규정하는 것 역시 해당 게임의 현실을 구성하는 지위 기능 선언의 예이다.

이외에도, 약속하기("나는 너에게 이것을 약속한다"), 명명하기("이 배의 이름을 ~로 명명한다"), 법률 제정("이 법안은 이제부터 효력을 발생한다") 등 다양한 언어 행위가 지위 기능 선언의 형태로 사회적 실재를 창조하고 유지하는 데 기여한다. 화폐 역시 이러한 언어적 현실 구성의 한 사례였던 것이다.[24]

한 가지 주목할 점은, 지위 기능 선언이 한 번으로 끝나는 것이 아니라 지속적인 반복과 강화를 통해 유지되어야 한다는 것이다. 법률, 규정, 거래 관행, 교육 등을 통해 화폐의 지위와 기능은 끊임없이 재확인되고 강화된다.

24 지위 기능 선언이 성공하려면 발화자가 사회적으로 인정받는 권위와 적절한 맥락을 갖추어야 한다. 그렇지 않으면 선언은 효력을 가지지 못한다. 예컨대, 야구장에서 정식 심판이 아닌 관중이 "아웃!"이라고 외쳐도 선수는 아웃이 되지 않으며, 일반인이 "이제부터 내가 대통령이다"라고 선언한다고 해서 대통령의 권한을 얻을 수도 없다. 이는 선언이 효력을 가지기 위해서는 사회적 합의와 공동체의 집합적 인정이라는 화용론적(pragmatic) 조건이 필수적으로 갖추어져야 하기 때문이다. 마찬가지로, 아무리 정교하게 만든 종이 조각이라도 정부나 중앙은행이 공식적으로 법정화폐라고 선언하지 않는다면, 사람들은 이를 돈으로 받아들이지 않을 것이다. 이처럼 화폐가 화폐로 기능하기 위해서는 공동체의 집합적 수용과 적절한 언어적 맥락이 필수적이다. 화폐에 대한 우리의 언어학적 접근이 그것의 사회적 본질을 규명함에 있어 인정과 동기를 얻을 수 있는 지점이 아닐까 한다.

만약 사회 구성원들이 더 이상 특정 대상을 화폐로 받아들이지 않기로 집합적으로 결정한다면(예: 극심한 하이퍼인플레이션으로 인한 화폐 신뢰 붕괴), 그 대상은 Y 지위를 상실하고 단순한 X항(종잇조각이나 금속)으로 돌아갈 수 있다. 이는 화폐의 존재가 물리적 속성이 아닌 언어적 약속과 지속적인 사회의 인정에 의존함을 보여준다.

6.4. 디지털 시대와 설 이론의 적용

설의 사회적 실재 이론은 디지털 시대의 새로운 경제·사회 현상에도 적용될 여지가 충분히 있어 보인다. 다름아닌 암호화폐 얘기다. 물리적 실체 없이 디지털 코드 형태로 존재하는 비트코인, 이더리움 등의 다양한 암호화폐가 이미 전 세계적으로 거래와 투자를 비롯한 실생활에서 활용되고 있다.

설의 개념을 가져오자면, 암호화폐의 본질 역시 명백히 제도적 사실에 해당한다. 암호화폐의 화폐성은 물리적 속성이나 국가 권력에서 비롯되는 것이 아니라, 사용자 집단의 집합적 의도성과 선언적 행위에 의해 창조되고 유지되기 때문이다. 설의 공식을 암호화폐 현상에 대입하면 다음과 같다.

- X는 C라는 맥락에서 Y로 간주된다
  → 이 특정 디지털 토큰(X)은 (C)에서 화폐(Y)로 간주된다

여기서 맥락 C는 국가나 법적 강제력이 아닌, 블록체인 네트워크와 커뮤니티의 기술적 프로토콜, 그리고 사용자들의 신뢰와 합의에 의해 결정된다.

또한 암호화폐의 가치는 지속적이고 반복적인 사용자들의 선언적 행위와 집합적 인정에 의해 창조되고 유지된다.

설의 이론을 기반으로 우리가 암호화폐 현상에서 얻을 수 있는 인사이트는 다음과 같다.

- **사회적 실재의 유연성과 변화 가능성**

  암호화폐는 초기에 가상적이고 실체가 없는 것으로 여겨졌으나, 현재는 거대 규모의 시장을 형성하고 일부 국가에서는 법정통화로 인정받기도 한다. 이는 사회적 실재가 얼마나 빠르게 변화하고 확장될 수 있는지를 보여준다.

- **권위의 분산과 집합적 합의의 힘**

  전통화폐는 국가와 중앙은행의 권위가 필수적이었지만, 암호화폐는 분산된 사용자 집단의 집합적 합의로 화폐의 지위를 획득할 수 있었다. 이는 중앙집중적 권위 없이도 사회적 실재가 성립할 수 있음을 시사한다.[25]

25 스테이블코인(stablecoin)과 같이 전통적 금융기관의 신뢰와 규제 당국의 감독이 결합된 새로운 유형의 암호화폐가 등장한다고 해서 설의 사회적 실재 이론이 흔들리는 것은 아니다. 설은 제도적 사실의 성립 요건을 특정 형태로 한정하지 않으며, 오직 집합적 의도성과 언어적 선언, 그리고 이를 지지하고 수용하는 맥락만을 강조한다. 스테이블코인의 경우 "이 디지털 토큰(X)은 금융기관과 규제기관이 참여하는 특정한 금융 및 법적 생태계(C)에서 미국 달러와 동일한 가치의 화폐(Y)로 간주된다"는 형태로 해석하면 될 일이다. 여기서 중요한 점은 스테이블코인의 제도적 사실성이 순수히 물리적 속성(디지털 코드나 기술적 프로토콜)에서 나오는 것이 아니라, 금융기관의 신뢰, 규제기관의 감독, 사용자 집단의 집합적 인정과 선언적 행위가 상호 결합된 복합적 메커니즘을 통해 성립된다는 것이다. 이는 설의 이론이 가진 유연함으로, 따라서 그의

- **가격 변동성과 신뢰의 민감성**

  암호화폐의 가격 변동성은 사회적 실재의 역동적 특성과 신뢰에 대한 민감성을 잘 보여준다. 신뢰의 변화가 가치 변동에 즉각적으로 반영되는 현상은 사회적 실재가 집합적 신뢰에 얼마나 의존하는지를 보여주는 대표적 사례다.
- **지속적 선언과 집합적 인정의 중요성**

  암호화폐는 지속적 선언과 집합적 인정 없이는 그 지위가 언제든 소멸될 수 있다. 만일 커뮤니티의 합의가 무너지거나 기술적 결함, 규제 변화 등으로 신뢰가 약화되면 특정 암호화폐는 단순한 디지털 코드로 돌아갈 수도 있을 것이다.

이러한 접근법은 전통 경제학과는 명확히 구분된다. 전통 경제학이 화폐의 가치를 국가, 법률, 물리적 희소성 등 외적 요인에서 찾는 반면, 설의 사회적 실재 이론은 언어적 선언과 집합적 합의라는 사회적 메커니즘을 강조한다.

6.5. 디지털 패권의 매개, 스테이블코인

오늘날 스테이블코인을 중심으로 벌어지는 국제적 긴장은 '『디지털 실재』를 누가 창조하고 유지할 권리를 가지는가'라는 근본적인 권력의 문제로 볼

이론은 전통화폐에서부터 탈중앙화된 순수 암호화폐, 그리고 작금의 하이브리드형 암호화폐(스테이블코인)에 이르기까지 광범위한 현상을 포괄하는 일차적 틀이 될 수 있다.

수 있다. 특히 미국과 중국 사이에서 이 문제가 뚜렷하게 나타난다. 미국은 USDC, USDT와 같은 스테이블코인을 통해 달러의 영향력을 디지털 네트워크 전반에 확장하려 하고 있다. 이는 글로벌 디지털 거래 생태계에서 달러를 사실상 표준 통화로 정착시키는 효과를 낳으며, 암묵적인 '지위 기능 선언'이 반복적으로 이루어지는 구조를 형성한다. 반면 중국은 국가 주도의 디지털 위안화를 통해 이와 다른 방향의 질서를 구축하려 한다. 중국의 입장에서 스테이블코인을 통한 비공식적인 달러의 유통은 자국 통화 주권과 금융 통제력을 약화시키는 요소로 작용하며, 이에 대한 기술 및 법적 대응은 결국 서로 다른 사회적 실재 구성 모델의 충돌로 귀결된다. 스테이블코인은 국가 간의 지정학적 긴장이 디지털 기술을 매개로 재현되고 있는 현장이 되었다. 물리적 공간에서 주권을 다투던 갈등은 이제 디지털 네트워크에서 화폐 지위를 둘러싼 의미 경쟁과 신뢰 확보의 경쟁으로 진화되고 있으며, 그 전장이 바로 스테이블코인인 것이다.

디지털 기술은 지위 기능 선언의 주체를 분산시키고, 실재를 형성·유지하는 권력을 다자화하고 있다. 이러한 변화 속에서 우리는 무엇을 현실로 인정할지에 대한 사회적 상상력과 정치적 선택을 요청받는다. 설의 이론은 이러한 선택이 현실을 구성하고 지탱하는 언어 행위의 실천임을 상기시킨다. 디지털 실재의 시대에 화폐는 선언된 신뢰의 언어적 구조이며, 그 선언이 누구의 입에서 나와 어떤 맥락에서 받아들여지는지를 둘러싼 경쟁은 곧 현실을 만들려는 권력의 충돌이다. 결국 화폐는, 우리가 어떤 말을 믿고 어떤 세계를 살아갈지를 두고 벌이는 경쟁의 또 다른 이름이었던 것이다.

7장

화폐 사용의 규칙과 의미 : 비트겐슈타인의 언어 게임

7.1. 의미는 사용이다

비트겐슈타인의 철학은 전기와 후기로 구분되는데, 언어에 대한 그의 관점은 이 두 시기 사이에 큰 변화를 겪는다.[26]

초기 저작인 『논리-철학 논고Tractatus Logico-Philosophicus』(1921)에서 비트겐슈타인은 '그림 이론picture theory of meaning'을 제시했다. 이 이론에 따르면, 언어는

26 루트비히 비트겐슈타인(Ludwig Wittgenstein, 1889~1951)은 오스트리아 빈의 부유한 가문에서 태어났다. 처음에는 공학을 전공했으나, 케임브리지에서 버트런드 러셀의 지도로 철학에 입문하였다. 1차 세계대전 중 오스트리아-헝가리군으로 참전하면서도 언어와 세계의 논리적 구조를 다룬 초기 저작 『논리-철학 논고』를 집필하였다. 이후 철학의 주요 문제가 해결되었다고 판단한 그는 한동안 철학계를 떠나 오스트리아 시골에서 초등교사, 정원사, 건축 설계 보조 등 다양한 직업을 경험하였다. 그러다가 1929년 케임브리지로 다시 돌아와서는 언어의 사용과 의미를 강조하는 방향으로 철학 연구를 전환하게 된다. 후기 저작 『철학적 탐구』는 사후 출간된 것으로 비트겐슈타인 언어철학의 중요한 전환점으로 평가받는다.

세계를 그림처럼 정확하게 반영mirroring하며, 의미 있는 명제는 현실 세계와 일치해야 한다고 보았다. 언어는 세계에 대한 정확한 지도와 같아야 하고, 단어는 대상에, 문장 구조는 대상들 간의 관계에 대응되어야 한다는 이상적인 언어관을 피력한 것이다. 이 관점에서 언어의 주된 기능은 세계를 기술하고 표상하는 것이었다. 비트겐슈타인 하면 떠오르는 다음의 그 유명한 표현이 바로 여기서 나왔다.

- 언어의 한계는 내 세계의 한계를 의미한다.
  The limits of my language mean the limits of my world.
  Die Grenzen meiner Sprache bedeuten die Grenzen meiner Welt.

이후 오랜 침묵과 철학적 사유를 거쳐 출간된 후기 저서 『철학적 탐구 Philosophical Investigations』(1953)[27]에서 비트겐슈타인은 이러한 초기 입장을 스스로 비판하며 언어에 대해 근본적으로 다른 관점을 제시한다. 그는 더 이상 언어가 세계를 거울처럼 반영하거나 객관적 현실을 정확히 그려내는 고정된 표상 체계라고 보지 않았다. 현실 세계의 복잡성과 언어 사용의 다양성을 고려할 때, 초기의 그림 이론이 지나치게 협소하고 이상적이었음을 자인한 것

27 『논리-철학 논고』는 제목이 라틴어로 되어 있고 본문은 독일어로 작성되었다. 비트겐슈타인은 당시 유럽의 학술적 전통에 따라 이 저서에 라틴어 제목을 붙였으며, 이후 영어 번역본이 1922년에 출판되었다. 반면, 후기 저작 『철학적 탐구』는 원래 독일어로 쓰였으나 비트겐슈타인의 사후 영어로 먼저 출판되었기 때문에 영어 제목으로 알려지게 되었다. 독일어 원제는 『Philosophische Untersuchungen』이다.

루트비히 비트겐슈타인

이다. 후기 철학에서 그는 언어의 의미가 단어가 지칭하는 대상이나 화자의 내적 관념이 아니라, 그 단어가 사용되는 구체적인 맥락과 방식, 다시 말해, '사용use'에 있다고 주장한다.

- 단어의 의미는 언어에서 그것의 사용이다.
  The meaning of a word is its use in the language.
  Die Bedeutung eines Wortes ist sein Gebrauch in der Sprache.

또 하나의 유명한 이 명제가 그의 변화된 언어관을 압축해서 보여준다. 언어 사용의 다양성과 역동성을 포착하기 위해 비트겐슈타인이 제시한 개념이 이어서 볼 언어 게임이다.[28]

28 비트겐슈타인의 후기 철학, 특히 '의미는 사용'이라는 관점과 '언어 게임' 개념은 20세기 심리학 및 언어학의 주요 사조들과 흥미로운 관계를 맺는다. 행동주의(Behaviorism)와는 언어를 관찰 가능한 '사용'이라는 행위로 보는 점에서 표면적 유사성을 가지나, 비트겐슈타인은 단순한 자극

7.2. 언어 게임과 삶의 형식

언어 게임Language-Game, Sprachspiel은 비트겐슈타인이 언어의 의미가 형성되는 과정을 설명하기 위해 제시한 개념으로서, 그것이 사용되는 구체적인 사회 활동의 총체를 의미한다. 단어나 문장을 주고받는 행위를 넘어, 언어와 이에 얽힌 실천적 행위들이 함께 구성하는 전체, 즉 "언어 및 그것으로 짜인 행위들로 구성된 전체the whole, consisting of language and the actions into which it is woven"를 이르는 것이다. 가령,

- 건축 현장에서 "석판!"이라고 외칠 때 상대가 석판을 가져오는 행위
- 상점에서 물건 값을 묻고 돈을 지불하는 과정
- 아이에게 단어를 가르치는 상황 등은

모두 각기 다른 언어 게임의 사례로서, 언어가 단순히 정보를 전달하는 도구만이 아니라, 특정 맥락 속에서 행동과 상호작용하며 의미를 만들어낸다는 점을 보여준다. 언어 게임은 고유의 규칙rules을 가지며, 참여자들은 이 규칙을 명시적으로 배우거나 암묵적으로 체득함으로써 효과적인 의사소통

과 반응을 넘어선 '규칙 따르기'와 '이해'의 복잡성을 탐구했다. 인지주의(Cognitivism)와는 '규칙', '이해' 등 인지적 활동에 대한 관심을 공유하지만, 비트겐슈타인은 의미와 규칙의 공공성 및 사회적 실천을 강조하며 개인의 내재적 정신 모델 중심의 초기 인지주의와는 결을 달리했다. 가장 강한 친화성은 구성주의(Constructivism), 특히 사회적 구성주의와 나타난다. 의미와 실재가 객관적으로 주어지는 것이 아니라, 언어 공동체의 사회적 실천과 '언어 게임'을 통해 능동적으로 '구성'된다는 그의 통찰은 구성주의의 핵심 주장과 견해를 같이 한다.

과 상호작용을 하게 된다.

그런데, 언어 게임이 작동하려면 더 넓은 맥락인 '삶의 형식Form of Life, Lebensform'이 필요하다. 이는 특정 공동체가 공유하는 행동 양식, 관습, 가치관, 세계관 등 인간 활동의 전반적 배경을 뜻한다. 언어 게임은 이 삶의 형식이라는 '주어진 것the given' 위에서만 의미를 가지며, 그 의미는 해당 삶의 형식 안에서 이해된다. 이를테면,

- 사과를 돈으로 교환하는 언어 게임은 사유재산, 시장경제, 교환가치 같은 개념이 통용되는 삶의 형식에서만 의미를 갖는다.
- 화폐나 교환가치가 없는 다른 문화나 역사적 시기의 삶의 형식이라면 전혀 다른 방식의 교환 언어 게임이 나타나거나, 우리가 아는 화폐와는 다른 가치 체계가 존재할 것이다.

이렇듯 언어 게임과 삶의 형식은 서로 분리될 수 없는 관계이며, 언어의 의미는 공동체의 실천적 맥락 속에서 형성되고 유지된다.[29]

29 이해를 돕기 위해, 앞서 나왔던 석판 사례를 다시 생각해보자. 이 석판 사례는 실제로 비트겐슈타인이 자신의 저서 『철학적 탐구』에서 사용한 예시이다. 건축 현장에서 일꾼이 "석판!"이라고 외치면 조수가 석판을 가져오는 상황에서, "석판"이라는 단어의 의미는 단순히 "평평한 돌"이라는 사전적 정의만으로 충분히 설명되지 않는다. 이 단어는 현장에서 "석판"이라는 말을 들으면 즉시 가져와 전달해야 한다는 구체적인 행동 규칙 속에서 비로소 제대로 된 의미를 갖는다. 그런데 만약 건축 현장이라는 공동 작업의 맥락이 없다면, "석판"이라는 단어는 정확히 어떤 행동을 해야 하는지, 왜 그 행동을 해야 하는지 명확하지 않을 것이다. 즉, 언어 게임("석판"이라는 말을 듣고 가져오는 규칙)은 삶의 형식(건축이라는 공동 작업의 구체적 맥락)을 배경으로 해야만 제대로 작동할 수 있다. 따라서 언어 게임과 삶의 형식은 서로 떨어질 수 없으며, 언어의 의

7.3. 돈 게임

비트겐슈타인의 관점대로라면, 화폐를 사용하는 행위 역시 언어 게임으로 이해할 수 있다. 즉, '돈 게임money-game' 역시 그저 물리적인 대상(동전, 지폐, 디지털 숫자)을 주고받는 것을 넘어, 특정한 규칙과 약속, 그리고 사회적 의미망 속에서 수행되는 상호작용인 것이다. 게임을 구성하는 주요 요소는 다음과 같이 가정해 볼 수 있다.

- **참여자**

  구매자, 판매자, 채무자, 채권자, 은행가, 투자자 등 다양한 참여자들은 각자의 역할을 수행하며 게임에 참여한다. 각 역할에는 특정한 권리와 의무, 그리고 기대되는 행동 양식이 따른다.

- **규칙**

규칙	내용
액면가	각 화폐 단위에 부여된 교환 가치에 대한 합의 규칙
지불	상품, 서비스 대가로 돈을 지불하는 방식, 거스름돈 계산 등의 규칙
소유권	돈 지불을 통해 상품, 서비스 소유권이 이전된다는 규칙
신용 및 부채	돈을 빌리고 갚는 행위, 이자 계산, 담보 설정 등과 관련된 규칙
위조 방지	진짜 돈과 가짜 돈을 구별하고, 가짜 돈 유통을 막기 위한 사회적 장치와 규칙

미는 이 둘이 연결된 구체적인 상황 속에서만 형성된다는 것이 비트겐슈타인의 주장이다.

이러한 규칙은 법률로도 명문화되겠지만, 상당 부분은 사회적 관습이나 암묵적 합의를 통해 학습되고 유지된다. 우리는 이러한 규칙들을 자연스럽게 따름으로써 돈 게임에 참여하고, 그 안에서 돈의 '의미'를 실현한다.

- **언어적 표현과 화행**

  돈 게임은 다양한 언어적 표현과 화행speech acts을 동반한다.

  - (상점) "이거 얼마예요?", "너무 비싸요, 깎아주세요", "카드로 계산할게요"와 같은 가격 문의, 흥정, 지불 의사 표현
  - (은행) "대출받고 싶습니다", "송금해주세요"와 같은 요청
  - (계약) "이 조건에 동의합니다"라는 약속
  - (투자) "이 주식은 유망하다"라는 평가

  돈을 둘러싼 언어적 상호작용은 게임의 규칙을 실행하고 가치를 협상하며 관계를 설정하는 핵심적인 역할을 한다. 언어 사용 자체가 돈 게임을 구성하는 중요한 요소인 것이다.

7.4. 언어적 실천으로서의 화폐

비트겐슈타인의 언어 게임은 화폐의 존재론에 대해 앞서 다룬 설과 다른 각도의 시사점을 암시한다. 설이 언어의 선언적 힘을 통해 제도적 사실로서 화폐가 '창설'되는 순간에 주목한다면, 비트겐슈타인은 그러한 화폐가 구체적

인 사회적 실천, 즉 '사용'을 통해 어떻게 지속적으로 의미를 부여받고 그 존재를 유지하는가에 초점을 둔다. 화폐는 단순히 선언된 존재가 아니라, 끊임없이 사용되고, 이야기되며, 그 규칙이 학습되고 재생산되는 '살아 있는' 언어 게임이라는 것이다. 우리가 돈을 사용하여 물건을 사고팔고, 가격을 매기고, 가치를 논하는 모든 행위는 이 돈이라는 언어 게임을 수행하는 것이며, 이러한 실천을 통해 화폐는 우리 삶의 형식 속에 깊이 뿌리내린 실재로서 존재하게 된다.

만약 아무도 특정 대상을 돈으로 사용하지 않고, 그 사용 규칙을 따르지 않으며, 그것에 대해 이야기하지 않는다면, 설의 지위 기능 선언이 있었다 할지라도 그것은 더 이상 화폐로서의 의미와 기능을 상실하게 될 것이다. 이는 마치 아무도 사용하지 않는 죽은 언어와 같다. 따라서 화폐의 존재는 선언적 행위일 뿐만 아니라, 그것을 둘러싼 지속적인 언어적·사회적 실천에 의해 담보되는 것이다. 결국, 비트겐슈타인의 관점을 대입한다는 것은 화폐를 고정된 대상이나 추상적 제도가 아니라, 삶의 맥락 속에서 수행되는 언어적 실천으로 파악하려는 시도이다. 그렇게 화폐는 우리의 사회적 삶 속에서 살아 움직이며 지속적으로 변화하고 생성되는 언어 게임이 되는 것이다.

7.5. 비트겐슈타인적 접근법

비트겐슈타인의 관점에서 화폐는 단순한 물리적 객체(동전, 지폐, 디지털 화폐)나 법적 선언으로 정의된 제도적 사실에 머무르지 않는다. 오히려 화폐는 특정 공동체의 사회적 실천과 규칙 속에서 사용되며 의미와 가치를 획득하는 언어적 존재다. 이는 화폐의 가치가 경제적 요인이나 법적 권위는 물론, 사람들이 화폐를 어떻게 사용하는지, 또 그것을 둘러싼 규칙과 상호작용을 얼마나 신뢰하며 따르는지에 달려 있음을 강조한다. 즉, 화폐는 단순히 '것'이 아니라, 공동체의 언어적·사회적 실천 속에서 끊임없이 재구성되는 '활동'이다.

비트겐슈타인식의 이와 같은 접근법은 화폐의 가치 변동과 위기 상황을 새롭게 조명할 수도 있다. 예를 들어, 초인플레이션으로 화폐 가치가 붕괴하는 현상은 단순한 경제적 문제가 아니라, 화폐를 둘러싼 언어 게임의 규칙과 사회적 신뢰가 무너지는 과정으로 해석된다. 독일 바이마르 공화국(1920년대)이나 짐바브웨(2000년대)에서 지폐가 실질적 가치를 잃은 것은, 사람들이 더 이상 그 화폐를 교환 수단으로 신뢰하지 않고 관련 규칙을 따르지 않았기 때문이다. 반대로, 비트코인과 같은 암호화폐가 화폐로 인정받기 시작한 것은 블록체인 기술의 혁신뿐 아니라, 특정 집단이 이를 교환의 매개로 받아들이고 새로운 언어 게임(예: "비트코인으로 결제하다", "채굴하다")과 규칙을 형성했기 때문이다. 비트겐슈타인식의 틀은 이러한 현상을 경제적·기술적 요인과 더불어 사회적 실천과 언어적 상호작용으로 바라보는 인문학적 관점을 제시한다.

비트겐슈타인식의 관점은 화폐의 미래도 가늠하게 한다. 새로운 화폐 형태—가령 중앙은행 디지털화폐CBDC나 민간 암호화폐—가 성공하려면, 기술적 설계나 정부의 공식 승인 이상으로 사회적 차원에서의 수용이 필수적이다. 이는 새로운 화폐를 중심으로 한 언어 게임이 형성되고, 참여자들이 그 규칙을 신뢰하며 적극적으로 실천해야 함을 의미한다. 디지털 화폐가 상점에서 결제 수단으로 사용되거나, "이 토큰으로 투자하다" 같은 새로운 언어적 표현이 일상화되려면, 공동체가 이를 가치 교환의 실천으로 받아들여야 한다. 만약 이러한 사회적 신뢰와 실천이 부족하다면, 아무리 혁신적인 기술이나 제도적 선언이 뒷받침되더라도 새로운 화폐는 뿌리내리지 못할 것이다.

비트겐슈타인의 언어철학은 화폐를 정적인 제도나 경제적 도구로 보는 관점을 넘어, 사회 구성원의 언어적·실천적 상호작용 속에서 의미와 존재를 재구성하는 동적 실체로 파악하게 한다. 나아가 비트겐슈타인의 언어철학은, 화폐의 본질을 언어학적으로 탐구하고자 하는 우리의 인문학 논의에 활력을 제공하고, 화폐의 가치 변동, 위기, 및 미래 변화를 분석하는 설명의 새롭고도 고전적인 이론상의 토대가 될 것이다.

7.6. 비트코인, 진짜 돈?

논란의 여지는 상존하겠지만, 비트코인이 전통 화폐의 경계를 넘어 실제 교환 수단으로서 진짜 돈처럼 기능할 수 있다면, 그 과정에서는 어떤 일이 일어나고, 혹은 일어나고 있어야 할까? 두 학자, 설과 비트겐슈타인의 이론을 합쳐서 한번 상상해보자.

1단계: 선언(Declaration) — "이것은 돈이다"

2009년, 사토시 나카모토는 비트코인 백서를 공개하고 이를 구현하는 오픈소스 소프트웨어를 배포했다. 이로써 중앙기관 없이 개인 간 직접 거래가 가능한 디지털 화폐가 현실에 등장했다. 설의 표현을 빌리자면, 이는 "이 디지털 코드(X)는 특정 맥락(C)에서 화폐(Y)로 간주된다"는 지위 기능 선언status function declaration이다.

여기서 X는 비트코인이라는 디지털 자산이고, Y는 가치의 저장, 교환 수단, 회계 단위라는 화폐의 기능이며, C는 블록체인 네트워크와 이를 지지하는 사용자 공동체다. 선언 주체가 정부나 중앙은행이 아닌 점이 다르지만, 시간이 흐르며 커뮤니티가 점차 이를 받아들이면서 제도적 사실에 근접하기에 이르렀다.

2단계: 수용(Acceptance) — "우리는 그것을 돈으로 인정한다"

비트코인은 초기에 기술 애호가들 사이에서 실험적으로 채택되었고, 이후 점차 거래소, 투자자, 온라인 상점 등이 받아들이기 시작했다. 설이 말한 집합적 수용collective acceptance으로, 공동체 구성원들이 특정한 대상을 일정한 기능을 가진 존재로 인정하면서 제도적 실재가 형성되는 과정이다.

이 단계에서 중요한 것은 법적 강제력이 아니라 신뢰였다. "1 BTC = $1"이라는 최초의 시세 형성, "1만 비트코인으로 피자를 구매한 사건" 등은 모두 비트코인이 돈처럼 작동할 수 있다는 가능성에 대한 사회적 실험이자 수용의 시작이었다.

3단계: 사용(Use) — "우리는 그것을 돈처럼 쓴다"

그러나 선언과 수용만으로는 비트코인이 '진짜 돈'이 되지는 않는다. 비트겐슈타인의 언어철학에 따르면, 어떤 표현의 의미는 그것이 실제로 사용되는 방식 속에서 형성된다. "비트코인을 전송하다", "지갑에 보관하다", "채굴하다", "비트코인으로 결제하다"와 같은 표현은 단지 정보를 전달하는 문장이 아니라, 비트코인을 화폐로 만드는 언어 게임의 일부가 된다.

사용자들이 이와 같은 행위를 반복하고 규칙을 암묵적으로 익히면서, 비트코인은 하나의 언어적·사회적 실천 체계 속에서 살아 있는 화폐로 작용하게 된다. 마치 아이가 언어를 배우듯, 사회가 비트코인을 돈으로 체득해 나가는 과정이라 할 수 있다.

4단계: 통합(Integration)—"이것은 우리 삶의 일부다"

비트코인이 단순한 실험적 자산을 넘어 글로벌 금융 네트워크에서 일정한 자리를 차지하게 된 것은, 사람들이 그것을 '사용'한 것을 넘어 그와 관련된 규칙, 관행, 기대, 제도, 기술을 삶의 일부로 받아들였기 때문이다.

바로 비트겐슈타인이 말한 삶의 형식Form of Life이다. 규칙이 언어 게임 속에서 작동하려면, 그 언어 게임이 뿌리내린 문화적·사회적 기반이 있어야 한다. 거래소의 운영, 투자자의 행동, 미디어의 보도, 기업의 결제 수용, 국가의 규제 논의 등은 모두 이 새로운 '돈'을 사회적 삶의 틀 속으로 끌어들이는 작용을 한다.

5단계: 지속(Continuity)—"이 돈을 계속 믿을 수 있는가?"

하지만 실재는 고정되지 않는다. 비트코인의 화폐성은 선언과 사용이 지속적으로 반복되고 신뢰받을 때에만 유지된다. 해킹 사고, 규제 위협, 가격 급변동 등은 그 실재성을 위협하며, 사용자들의 언어 게임 참여를 중단시킬 수 있다. 만약 사람들이 더 이상 "비트코인으로 결제하다"는 표현을 쓰지 않고 그것을 돈처럼 행동시키지 않는다면 비트코인은 다시 디지털 코드로 돌아가게 될 것이다.

이상의 단계에서 보듯, 비트코인은 '이것은 돈이다'라는 선언으로 시작되어, '우리는 그것을 그렇게 사용한다'는 실천을 통해, 그리고 '우리 삶 속에서 의미를 갖는다'는 사회적 맥락 속에서 진짜 돈이 되어갈 것이다. 설의 선언 이론은 비트코인의 제도적 지위를 가능하게 하고, 비트겐슈타인의 언어 게임 이론은 그것이 실제 사회 속에서 돈으로 작동할 수 있게 하는 조건을 제공한다. 요컨대, 비트코인은 기술, 언어, 규칙, 실천, 신뢰가 얽힌 사회적 실재의 구성물이며, 선언과 사용이라는 두 언어철학적 기둥이 그 현실화의 기반이 되는 것으로 해석할 수 있겠다.

Bitcoin, Real Money?

8장

수행적 언어와 금융 시스템

오스틴의 수행적 발화에 의하면, 언어는 사실을 묘사·기술하는 역할에만 머무르지 않고, 발화 자체로 현실을 구성하고 변화시킬 수 있는 행위라고 하였다. 제자인 설은 이를 지위 기능 선언이라는 개념으로 발전시켰고, 언어가 제도적 사실을 창조하고 유지하는 메커니즘을 설명하였다. 이러한 흐름을 배경으로 이제 언어의 수행적 기능과 현대 금융 시스템의 관계를 고찰해 보자.

8.1. 약속

약속promise은 가장 기본적인 형태의 수행적 언어 행위 중 하나이다. "나는 너에게 내일 10,000원을 갚겠다고 약속한다"라는 발화는, 미래 행위에 대한 예측이나 의도의 표현을 넘어, 화자에게 특정한 의무를 부과하고 청자에게는 관련된 기대를 형성하는 사회적 행위이다. 발화되는 즉시 화자와 청자 사이에 새로운 규범적 관계가 설정되는 것이다. 금융의 가장 원초적인 형태인 신용credit은 바로 이러한 약속과 그 약속에 대한 신뢰에 기반한다. 타인의 미래 상환 약속을 믿기에 현재의 자원을 대여할 수 있으며, 이러한 신용 관계의 확장으로 복잡한 금융 시장이 형성되는 것이다. 약속의 수행적 힘은 그것이 사회적으로 공유된 규범과 관습, 즉 '약속하기 언어 게임' 안에서 이루어지기 때문에 발생한다. 이 게임의 규칙에는 약속을 한 사람은 그것을 지켜야 할 의무가 있으며, 약속을 어길 경우 비난이나 제재와 같은 사회적 결과가 따를 수 있다는 점이 포함된다.

8.2. 계약: 공식화된 수행적 합의

약속이 개인적이고 비공식적인 차원에서 이루어지는 수행적 언어 행위라면, 계약contract은 보다 공식적이며 법적 구속력을 갖춘 형태로 수행적 합의를 수반한다. 그것은 복수의 당사자가 서로의 권리와 의무를 명확하게 정하고 이를 이행하기로 공식적으로 합의하는 언어적 구성물이다. 예를 들어, "갑은 을에게 상품 X를 제공하고, 을은 갑에게 금액 Y를 지불한다"와 같은 계약의 조항들은 단순히 상황을 묘사하는 것이 아니라, 당사자들의 미래 행동을 구속하고 법적 책임을 부여하는 수행적 선언인 것이다.

계약서는 이러한 수행적 합의를 문서화하고 구체적으로 명시함으로써 당사자 간 합의를 명확히 객관화하며, 추후 분쟁 발생 시 해결의 기준이 되는 역할을 한다. 계약의 성립 절차인 서명이나 날인과 같은 행위는 당사자들이 계약의 내용에 포함된 권리와 의무, 지위와 기능을 받아들이고 자신에게 이를 부과하는 하나의 공식적 '지위 기능 선언'으로 간주될 수 있다. 즉, 계약 체결이라는 수행적 언어 행위는 사회적이고 법적인 현실을 새로 만들어 이행자 간의 관계를 재구성하는 과정이다.

대출, 보험, 투자 등 금융 시스템에서 이루어지는 모든 거래는 이러한 계약이라는 형태를 기반으로 하고 있다. 따라서 계약서에 사용된 언어의 명확성과 정확한 해석은 금융 거래의 안정성 및 예측 가능성을 보장하는 핵심 요소이다. 만약 계약의 언어가 모호하거나 명확하지 않다면, 이는 금융 시스템의 안정성을 해치고 당사자 간 신뢰를 훼손할 수 있는 위험 인자가 된다. 이러한 문제를 방지하기 위해 각국의 법률은 제도적 장치를 통해 계약의 효력을 보장하고 계약의 위반이나 해석상 분쟁 발생 시 해결 방안을 제공한다. 따라서 계약이라는 수행적 합의는 당사자 간의 약속과 아울러 사회·법적인 체계 내에서 공식적으로 관리되고 집행되는 구조화된 언어적 실천인 것이다.

8.3. 스마트 컨트랙트

현대 사회의 디지털 대전환은 수행적 언어와 합의의 형태에도 새로운 변화를 가져오고 있다. 그 대표적인 예가 바로 스마트 컨트랙트smart contract이다. 스마트 컨트랙트는 계약의 조건과 실행 규칙을 컴퓨터 코드로 프로그래밍하여 블록체인과 같은 디지털 플랫폼에 기록하고 특정 조건이 충족될 경우 자동으로 계약 내용을 실행하도록 설계된 디지털 계약 시스템으로, 닉 자보에 의

해 1990년대에 처음 개념화되었다.[30]

스마트 컨트랙트는 전통적인 계약을 언어가 아닌 코드로 표현한다는 점에서 차이가 있지만 그 본질은 여전히 수행적이다. 계약 당사자들은 스마트 컨트랙트 코드에 동의하고 이를 블록체인과 같은 분산 원장에 배포함으로써 코드에 명시된 규칙에 따라 자신들의 권리와 의무가 자동으로 이행되도록 스스로를 구속한다. "만약 A 조건이 충족되면, B는 C에게 D를 전송한다"와 같은 코드 로직은 특정 상황에서 특정 행위가 발생하도록 하는 '알고리즘적 선언'이다.

스마트 컨트랙트는 중개자 없이 계약을 자동으로 실행하여 효율성을 높이고 거래 비용을 절감하는 장점이 있다. 하지만 동시에 코드의 오류 가능성, 예외 상황에 대한 유연성 부족, 법적 지위와 책임 소재의 불명확성 등 해결해야 할 도전 과제도 안고 있다. 특히, 자연언어로 작성되는 전통 계약과 달리 프로그래밍 언어로 작성되는 스마트 컨트랙트는 그 의미 해석과 검증에 전문적인 지식을 요구하며, "코드가 곧 법code is law"이라는 명제가 현실에서 어떻

30 닉 자보(Nick Szabo)는 헝가리계 미국인으로 헝가리 반소(anti-Soviet) 봉기를 계기로 권력의 남용과 중앙집중적 권위에 대한 비판적 인식을 갖게 되었다고 한다. 이러한 출신 배경은 중앙기관의 개입 없이 신뢰를 분산시키는 디지털 시스템, 즉 스마트 컨트랙트와 분산형 디지털 화폐 개념을 고안하는 시대적 토양이 되었을 것이다. 그는 사이퍼펑크(Cypherpunk) 운동의 대표적 인물로 기술을 통한 개인의 자유와 프라이버시, 그리고 탈중앙화된 신뢰 메커니즘의 중요성을 일관되게 강조했다. 그가 1990년대에 제시한 스마트 컨트랙트 개념과 1998년의 비트 골드(Bit Gold) 설계는 이후 블록체인 및 암호화폐 발전의 이론적 기반이 되었다. 이러한 독창적 기여와 자신의 사생활에 대한 보호 및 제한적인 공개 활동, 그리고 암호학, 법학 등에 있어서의 전문성은 암호화폐 커뮤니티 내에서 그를 비트코인 창시자(사토시 나카모토)로 추정하도록 하는 근거가 되기도 했다. 하지만 정작 자보 본인은 이에 대해 공식적으로 부인한 바 있다.

게 수용되고 규제될 것인지에 대한 논의는 여전히 진행 중이다. 이는 언어의 형태가 변화함에 따라 수행적 합의의 방식과 그 사회적 함의 또한 달라질 필요가 있음을 시사한다.

스마트 컨트랙트는 겉보기에 코드만으로 구성된 독립적인 알고리즘처럼 보이지만 실제로는 전통적인 수행적 언어와 마찬가지로 인간 사회의 공유된 배경 지식을 암묵적으로 내포하고 있다. 예컨대 스마트 컨트랙트가 법적 효력을 지니기 위해서는 계약 당사자들이 암묵적으로 공유하는 법률적이고 제도적인 배경 지식이 반드시 필요하며, 경제적 가치에 대한 공통된 이해와 신뢰 가능한 기술 플랫폼에 대한 암묵적 합의 역시 필수적이다. 또한 코드가 제대로 작동하고 오류가 없다는 전제는 사용자들이 코드에 대한 전문적 이해와 신뢰를 공유하고 있음을 가정한다. 이처럼 스마트 컨트랙트 역시 코드의 자동 실행이라는 표면적인 알고리즘성 이면에 인간의 문화적, 사회적, 법적 맥락과 같은 다양한 배경 지식을 필요로 한다는 점에서 전통적 수행적 언어의 사회적 맥락성과 완전히 유리된 것은 아니다. 언어의 형태가 코드로 전환된 것일 뿐 수행적 행위가 지닌 근본적 사회성은 그대로 유지되고 있는 것이다.

아마도 오스틴과 설은 자신들의 수행적 언어 이론을 누군가가(?) 금융 시스템, 코드, 나아가 스마트 컨트랙트 등의 디지털 혁신 분야까지 널리 적용하리라고는 상상조차 하지 못했을 것이다. 하지만 이 이론이 현대적이고 실용적인 맥락에서까지 접근성을 가지는 것을 보면, 그들이 인간과 사회의 본질적 특징을 상당히 정확하게 포착했음을 새삼 깨닫게 된다. 결국 오늘날의 디지털 혁신도 본질적으로는 사회적이고 언어적인 현상이며, 이 점에서 철학과 기술이 뜻밖의 방식으로 만나고 있는 것이다.

8.4. 실패한 약속의 재코딩

2025년 6월, 정부는 장기 연체자와 금융 취약계층에 대한 대규모 채무조정 및 탕감 정책을 발표했다. 7년 이상 빚을 갚지 못한 저소득층의 채무를 전액 소각하거나 대폭 감면해준다는 내용이다. 약 113만 명에 달하는 해당자들에게 재기의 기회를 제공한다는 점에서 환영을 받았다. 그러나 반대로, 자력으로 채무를 이미 해결했거나 현재도 열심히 하고 있는 또 다른 이들에게는 '왜 나는 바보처럼 희생했는가'하는 거센 반발을 일으키기도 했다. 말하자면 '실패한 약속'에 대한 논쟁을 촉발한 것이다. 한쪽은 도덕적 해이, 형평성 위반, 신용 질서 붕괴를 우려한다. 다른 한쪽은 사회 복원, 경제 회생, 공공 연대를 강조한다.

그렇다면 채무자의 약속이 이행되지 못한, 이른바 '실패한 수행성'에 대한 정부의 채무조정 정책을 어떻게 바라보아야 할까? 수행적 언어라는 지금까지 논의한 우리의 관점에서 해석할 때, 그것은 실패한 약속을 새로운 언어 질서 속으로 '재코딩recoding'하는 작업이 아닐까 한다. 채무불이행이라는 개인적 실패가 공적 구조 속에서 다시 해석되고, 새로운 수행적 약속의 출발점으로 전환되는 것이다. 재코딩의 핵심은 단순한 면제나 삭제가 아니다. 실패한 채무자를 면책된 존재로 남겨두는 것도 아니다. 그것은 그들을 새로운 약속의 주체로 다시 발화하게 하는, 이른바 『사회적 리부팅Social Reboot』으로서, 다음과 같은 수행적 문장이 가능할 것이다.

- 나는 수행적 언어의 실패를 인식하며, 다시 사회적 책임을 시작하겠다.

- 나는 경제적 재기의 과정을 공동체와 공유하며, 공공의 신뢰를 다시 쌓겠다.
- 나는 이전의 계약은 이행하지 못했지만, 새로운 형식의 약속을 수행하겠다.

이는 기존의 계약이 파기된 자리에 새로운 사회적 계약social contract을 다시 맺는 행위로서, 선언 자체가 신뢰의 새로운 기호가 된다. 개인은 여기서 수동적 구제 대상이 아니라, 자기 실패를 윤리적으로 언어화하고 책임지는 능동적 주체로 거듭난다.

새로운 약속은 기술적으로도 제도화될 수 있다. 가령, 블록체인 기반의 『스마트 약속 장부smart promissory ledger』는 개인이 선언한 리부팅 약속, 사회적 기여, 신용 회복 경로 등을 기록하고 추적하는 시스템이 될 수 있다. 이 장부는 채무 상환 여부만 기록하는 것이 아니라, 회복의 서사와 성실성의 흐름을 시간적으로 기록하며, 신뢰를 다시 증명하는 메커니즘으로 작동한다.

이러한 시도는 '공정성'의 개념을 다시 생각하게 한다. 기존의 공정성은 동일 조건에서 동일한 결과를 요구했다. 그러나 현실은 결코 동일하지 않다. 누구는 실패에서 일어설 수 있었고, 누구는 구조적으로 그렇지 못했다. 이에 따라 『회복 공정성reparative fairness』이라는 새로운 가치 기준이 요구된다. 그것은 실패 이후 어떤 태도와 약속을 보여주는가를 중심으로 판단하는 공정성이다. 이는 윤리적 판단의 중심을 '결과'에서 '의도'로 이동시킨다.

정부의 채무조정 정책은 수행 이론의 관점에서 볼 때, 신뢰라는 사회적 자산이 언제, 어떻게 무너지는가, 그리고 어떻게 다시 세워질 수 있는가를 묻는 언어적 맥락의 일환이다. 새로운 약속은 불가능하지 않다. 그것은 언어의 복원력과도 같은 것이며, 사회적 수행성의 본질이기도 하다. 신용의 시대가 저물거나 위협받는 것이 아니라, 신뢰의 언어가 새로운 언어 게임 속에서 다시 설계되고 있을 뿐이다. 게임은 실패와 회복을 공동체가 어떻게 정의하고 공유할지를 묻는 새로운 규칙의 장이다.

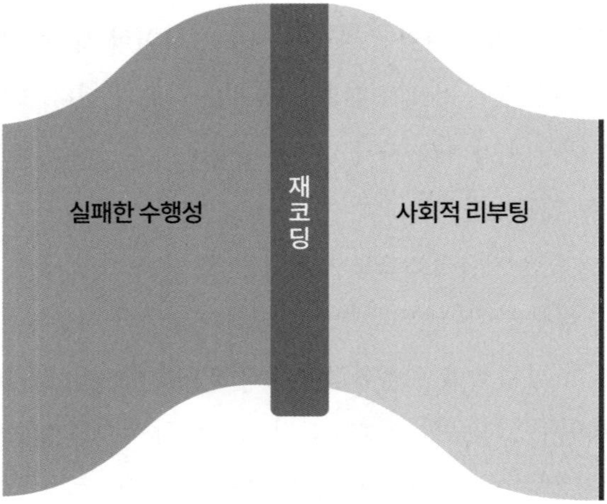

새로운 규칙의 언어 게임

9장

화폐 거래의 통사론과 화용론

우리는 돈을 통해 약속하고, 요청하며, 신뢰를 표현한다. 어떤 지불은 책임을 수행하고, 어떤 거래는 관계를 형성한다. 이 장은 화폐 거래를 언어처럼 구성된 사회적 상호작용으로 보고, 그 구조를 통사론적 관점에서, 그 맥락적 의미를 화용론적 관점에서 접근하는 시도이다.

9.1. 화폐 거래의 통사론

문장sentence이 단어의 무작위 나열이 아니라 일정한 규칙에 따라 구성되듯, 화폐 거래 또한 참여자, 교환 대상, 화폐라는 매개체, 그리고 이들 간의 관계를 규정하는 '문법grammar'에 따라 구성된다. 화폐 거래를 통사론syntax에 비유

함으로써, 거래의 본질을 언어학의 각도에서 조명해보자.[31]

9.1.1. 화폐 거래의 통사론적 구성 성분

전형적인 화폐 거래는 여러 구성 성분constituents이 유기적으로 결합된 구조화된 사건structured event으로 볼 수 있다. 문장이 주어, 동사, 목적어 등의 문법적 역할을 통해 의미를 형성하는 것과 유사하다. 다음은 화폐 거래의 핵심 구성 성분을 문장의 문법적 역할에 비유한 것이다.

- **행위자(Agent)**

  행위자는 거래를 개시하고 지불을 수행하는 주체로, 구매자가 여기에 해당한다. 이는 문장에서 행동의 주체를 나타내는 '주어subject'에 비유된다. 행위자는 거래의 의도와 동기를 제공하며, 거래 과정의 중심 역할을 수행한다.

- **수취인(Recipient/Payee)**

  수취인은 화폐를 수령하고 상품이나 서비스를 제공하는 대상으로, 판매자가 이에 해당한다. 문장에서 행동의 영향을 간접적으로 받거나 수혜를 입는 대상으로, '간접목적어indirect object' 또는 '여격dative case'

31 통사론(syntax)은 언어학의 핵심 분야로서, 문장 내에서 단어와 구(phrase)가 어떤 구조적 관계를 형성하며 문법적이고 의미적으로 타당한 문장을 구성하는지를 체계적으로 탐구하는 학문이다. 통사론은 문장 구조의 위계적(hierarchical) 구성과 성분들 간의 결합 및 변형 규칙(transformational rules)을 분석하여, 언어의 보편적 특성과 개별 언어의 고유한 문법 규칙을 규명하는 것을 목표로 한다.

조사로 실현되는 수혜자·수령인의 역할에 비유된다. 수취인은 거래의 상호작용적 측면을 부각하며, 행위자와의 관계를 통해 거래의 사회적 맥락을 드러낸다.

- **교환 대상(Theme/Object of Exchange)**

  교환 대상은 거래되는 상품이나 서비스를 의미한다. 행동의 직접적 영향을 받는 피행위자patient 역할을 수행하며, 문장의 '직접목적어direct object'에 해당한다. 교환 대상은 거래의 구체적 목적을 정의하며, 그 가치는 화폐를 통해 측정된다.

- **교환 매개물(Means/Medium)**

  교환 매개물은 가치를 전달하는 수단으로의 화폐를 의미한다. 문장에서 행동을 수행하거나 가능하게 하는 매개 역할을 하는 요소로 이해될 수 있다. 예를 들어, "현금으로 지불하다"에서 현금은 거래를 완성하는 필수 매개물이다.

- **부가 요소(Adjuncts/Modifiers)**

  부가 요소는 거래의 구체적 상황을 나타내는 시간, 장소 등의 정보를 포함한다. 문장에서 동사나 문장 전체를 수식하여 추가 정보를 제공하는 '부사어adverbial' 또는 명사를 수식하는 '형용사적 수식어adjectival modifier'에 해당한다. 부가 요소는 거래의 맥락을 구체화하여 그 의미를 풍부하게 만든다.

- **예시**

  → 철수가 어제 가게에서 빨간 사과 한 개를 점원에게 1,000원 지폐 한 장으로 샀다.

  - 주어 (행위자): 철수

- 동사 (행위): 샀다
- 직접목적어 (교환 대상/피행위자): 빨간 사과 한 개
- 간접목적어/여격 (수취인): 점원에게
- 매개물 (교환 수단): 1,000원 지폐 한 장으로
- 부사어 (부가 요소): 어제, 가게에서

각 구성 성분은 거래 및 거래 상황의 정보 기록에 대한 나름의 고유한 역할을 수행한다. 문장이 완전한 의미를 전달하기 위해 문법 요소를 필요로 하듯, 거래 역시 이러한 성분들이 유기적으로 결합되어야 완전한 사건으로 성립되는 것이다. 이를테면 "철수가 샀다"라는 문장만으로는 무엇을, 누구에게, 얼마에 샀는지 알 수 없어 의미가 불완전하다. 거래로 따져보면 필수 구성 성분이 누락되어 그 의미가 모호해지거나 거래 자체가 성립되지 않는 것이라 할 수 있다.

9.1.2. 화폐 거래의 통사 규칙

성공적인 화폐 거래는 구성 성분이 존재한다는 것만으로 부족하다. 단어들만 가지고 문장을 만들 수 없는 것과 마찬가지이다. 각 성분들은 일정한 순서와 규칙, 즉 '통사 규칙syntactic rules'을 따라야 한다.

- **행위의 순서(Order of Operations)**

  화폐 거래는 일련의 순차적 과정을 따른다. 일반적으로 상품 제시, 가격 합의, 대금 지불, 상품 인도와 같은 단계로 구성된다. 이는 문장

에서 단어 순서가 의미 전달에 중요한 것과 유사하다. 예를 들어, 대금을 지불하기 전에 상품 인도를 요구하는 것은 이 순서를 위반하는 행위로, 거래의 '문법'에 어긋나 혼란을 초래하거나 거래 자체를 무효화할 수 있다.

- **합치성(Conformity/Match)**

  거래의 각 요소는 상호 조화를 이루어야 한다. 예를 들어, 지불된 화폐의 액수는 합의된 가격과 일치해야 하며, 상품의 수량이나 품질 역시 합의된 조건을 충족해야 한다. 이는 문장에서 주어와 동사의 수 일치subject-verb agreement와 유사하다. 합치성이 어긋나면 거래는 불완전하거나 신뢰를 잃을 수 있다.

- **정형성(Well-formedness)**

  문법적으로 올바른well-formed 거래는 필수 구성 성분을 포함하고, 합의된 순서와 규칙을 준수한다. 구성 성분이 누락되거나 순서가 어긋난 거래는 '비문법적ungrammatical'으로 간주된다. 가격 합의 없이 지불을 요구하거나, 상품을 인도하지 않고 대금을 수령하는 등의 행위는 거래의 문법을 위반하므로 정형성을 갖추지 못한 경우Ill-formedness라 하겠다.

9.1.3. 통사론적 유비의 의의

- **체계적 이해**

  화폐 거래를 문법적 구조로 분해함으로써, 거래의 복잡한 구성 요소와 그 상호작용을 직관적으로 파악할 수 있다. 이는 경제 행위 역시 사회적 규범과 순서에 기반한 『체계적 문법 사건systematic grammatical event』임을 드러낸다.

- **규범의 강조**
  거래의 문법은 사회적 신뢰와 규범의 중요성을 강조한다. 비문법적 거래는 신뢰를 손상시키거나 법적 문제를 초래할 수 있으므로, 규칙 준수는 경제 시스템의 안정성을 유지하는 데 필수적이다.
- **현대적 적용**
  디지털 경제의 확산으로 거래 방식이 다양화되고 있다. 통사론적 유비는 전통적 거래와 디지털 거래의 공통된 구조를 밝혀냄으로써, 현대 경제 환경에서도 거래의 본질을 이해하는 틀을 제공할 수 있을 것이다.
- **학제적 통찰**
  언어학과 경제학을 접목한 이 접근은 학문적 경계를 가로질러 화폐 거래를 사회·문화적 상호작용의 한 형태로 조명한다. 이는 경제 행위를 다각도로 탐구할 수 있는 새로운 관점을 제시한다.

9.2. 화폐 거래의 화용론

통사론적 구조가 거래의 형식, 즉 겉으로 드러나는 뼈대를 다룬다면, 화용론적 유비는 거래가 이루어지는 구체적인 맥락 속에서 그 살과 피, 즉 실제 의미가 어떻게 해석되고 협상되며 사회적 관계에 어떤 영향을 미치는지를 조명한다. 화용론의 핵심 개념을 화폐 거래에 대입해보자.

9.2.1. 거래 상황에서의 화행

화폐 거래는 다양한 말-행동, 즉 화행speech acts을 통해 시작되고 진행되며 완료된다. 우리가 무심코 던지는 말 한마디가 실제 거래의 현실을 만들어내는 것이다.

- **제안(Offer)**

  가게 주인이 "이 사과 한 봉지에 5,000원입니다"라고 말하는 것은 단순히 사과의 가격 정보를 전달하는 것을 넘어, '이 가격에 살 의향이 있는가?'라는 거래를 제안하는 행동이다. 이 말이 없다면 구매자는 무엇을 얼마에 사야 할지 알 수 없다.
- **수락(Acceptance)**

  손님이 "네, 그걸로 주세요"라고 말하는 것은 제안을 받아들이는 명확한 행동이며, 대금을 지불하겠다는 약속을 하는 것과 같다. 이 '수락'의 말이 있기에 비로소 거래는 다음 단계로 나아간다.
- **거절(Rejection)**

  "가격이 조금 부담스럽네요"라는 말은 제안을 거절하는 행동이며, 거래를 중단시키는 효과를 가진다.
- **요청(Request)**

  "혹시 조금 깎아주실 수 있나요?"라는 말은 가격 변경을 요청하는 행동으로, 거래 조건을 바꾸려는 시도이다.
- **약속(Promise)**

  "내일까지 지불하겠습니다"라고 말하는 것은 미래의 지불 의무를 스스로에게 부과하는 행동이다. 이 약속이 없다면 외상 거래는 성립할 수 없다.

- **단언/주장(Assertion)**
  판매자가 "이것은 100% 정품입니다"라고 말하는 것은 상품의 특정 상태를 주장하며 구매자의 신뢰를 얻으려는 행동이다.

이처럼 화폐 거래는 우리가 일상적으로 사용하는 말-행동의 원리에 일치한다. 이러한 언어적 행위들이 없다면 화폐 거래 자체가 성립하기 어렵다. 이는 화폐 현상이 우리 언어 사용의 근본적인 특징, 즉 언어를 통해 행동하고 현실을 변화시키는 능력에 기반하여 있음을 보여준다. 화폐 거래는 단순히 돈과 물건이 오가는 기계적 과정이 아니라, 인간의 섬세한 언어적 상호작용 그 자체이며, 이러한 상호작용 방식은 언어의 근본적인 특징에 깊이 뿌리내려져 있다.

9.2.2. 그라이스[32]의 협력의 원리와 대화의 격률

화폐 거래는 참여자들이 암묵적으로 '협력의 원리Cooperative Principle'를 따를 때 가능하다. 우리가 대화할 때 상대방이 내 말을 잘 알아듣고 협조적으로 반응할 것이라고 기대하는 것과 같은 이치이다. 협력의 원리는 세부적인 '대화

32 폴 그라이스(Herbert Paul Grice, 1913~1988)는 20세기 영국의 철학자로 현대 화용론의 토대를 놓은 대표적 학자이다. 그라이스는 1950년대 옥스퍼드 대학에서 활동하며 앞서 여러 차례 언급된 존 오스틴(J. L. Austin)과 학문적 교류를 긴밀히 이어갔다. 두 학자는 모두 당시 철학계

의 격률Conversational Maxim'로 나타난다.

- **양의 격률(Maxim of Quantity)**
  필요한 만큼만 정보를 제공한다. 예를 들어, 가게 주인이 물건 가격을 묻는데 엉뚱하게 자기 가족 이야기를 늘어놓거나(정보 과잉), 가격을 제대로 알려주지 않는다면(정보 부족) 거래는 성사되기 어렵다. 돈 거래도 '필요한 만큼의 말'이 효율적으로 오가야 한다.
- **질의 격률(Maxim of Quality)**
  진실된 정보를 제공하려고 노력한다. "이 중고차는 무사고 차량입니다"라고 판매자가 말했는데, 나중에 사고 차량임이 밝혀진다면 거래의 신뢰는 깨진다. 돈은 기본적으로 '진실된 말'을 바탕으로 움직인다.
- **관련성의 격률(Maxim of Relevance)**
  거래와 관련된 정보를 제공한다. "이 빵 얼마예요?"라고 물었는데, 점원이 "오늘 날씨가 참 좋죠?"라고 대답한다면 대화가 겉돌고 거래가

에서 영향력을 행사했던 일상언어철학 운동의 중심 인사들이었으며, 언어 사용의 실제적 맥락을 중시하는 공통된 관심사를 공유했다. 한편, 오스틴의 제자였던 존 설(John Searle)은 언어행위 이론(speech act theory)의 체계화를 통해 스승의 연구를 발전시켰는데, 설 역시 그라이스의 함의 개념과 협력 원리를 자신의 이론적 틀에 적극적으로 수용하면서 언어행위의 의미구성과 맥락 의존성에 관한 논의를 확장하였다. 요컨대, 그라이스, 오스틴, 설, 이 세 학자는 서로의 학문적 영향관계 속에서 화용론 및 언어철학의 발전에 중추적 기여를 한 동 시대 인물들이다. 심지어 이들이 이룩한 개념은 현대에 이르러 인공지능 대화 시스템 설계(예: 의도 추론, 맥락 이해)에도 적용되고 있을 정도이다. 화용론을 공부하려면 일단 이 세 학자를 잘 아는 것부터 시작이다. 화폐철학에 대한 언어학적 이해라는 주제에서 화용론적 접근이 연구자들 입장에서는 가장 다가가기 쉬울지도 모르겠다. 말의 의미와 맥락은 늘 우리가 고민하는 것들이니 말이다.

진전되기 어렵다. 돈 거래는 '주제에 맞는 말'로 이루어진다.

- **태도의 격률(Maxim of Manner)**
  명료하고 모호하지 않게 표현한다. 가격을 우물쭈물 말하거나 거래 조건을 애매하게 제시하면 구매자는 혼란스럽고 불신을 느낄 수 있다. 돈 거래는 '분명하고 이해하기 쉬운 말'을 필요로 한다.

우리가 일상 대화에서 자연스럽게 지키는 이러한 언어적 약속들이 거래의 현장에서도 적용되며, 이것이 지켜지지 않을 때 거래는 실패하거나 갈등을 낳는다. 이는 화폐 시스템이 인간의 의사소통 원리에 상당 부분 의존하고 있음을 시사한다. 언어가 효과적인 소통 도구로 기능하는 한 이러한 협력의 원리는 유지될 것이며, 화폐 거래 또한 이 원리 위에서 지속될 것이다.

9.2.3. 함축과 추론

화폐 거래에서 언어는 종종 문자 그대로의 의미를 넘어선 '숨은 뜻Implicature(함축)'을 전달하며, 참여자들은 이를 눈치껏 알아듣고(추론) 반응한다.

- 예를 들어, 명품 매장에서 점원이 특정 가방을 보여주며 "이 제품은 장인이 한 땀 한 땀 수작업으로 만들었습니다"라고 말한다면, 이는 제작 과정을 설명하는 것은 물론, "따라서 이 가격은 합당하며, 당신은 특별한 가치를 구매하는 것입니다"라는 의미를 함축할 수 있다.
- 반대로, 시장에서 구매자가 물건을 한참 들었다 놨다 하며 "음… 글

쎄요…"라고 말끝을 흐린다면, 이는 "가격이 좀 비싼 것 같은데요" 또는 "다른 곳도 둘러보고 결정해야겠어요"라는 불만이나 망설임을 함축할 수 있다. 판매자는 이 함축을 읽고 가격을 조금 낮춰주거나 다른 상품을 권유하는 등의 반응을 보일 수 있다.

이처럼 돈 거래는 단순히 정해진 가격표대로만 움직이는 것이 아니라, 말속에 숨겨진 의도와 맥락을 파악하는 언어적 추론 과정을 포함한다. 이러한 능력은 인간 언어 사용의 근원적인 부분이며,[33] 화폐 거래 역시 이러한 언어적 유연성 위에서 풍부하고 복잡한 양상으로 전개된다.

9.2.4. 체면 유지와 공손

가격 협상, 불만 제기, 또는 채무 관계와 같은 민감한 거래 상황에서는 상대방의 '체면face'을 존중하고 배려하는 공손한 언어 사용이 거래의 성패에 중요한 영향을 미친다.

33 그라이스가 제시한 대화의 협력 원리(Cooperative Principle)는 함축된 의미를 파악하고 적절히 반응하는 능력의 중요성을 잘 보여준다. 예를 들어, 더운 방에서 에어컨 옆에 있는 친구에게 "덥지 않아?"라고 묻는 말은 겉으로는 친구의 상태를 묻는 질문이지만, 실제로는 에어컨을 켜 달라는 요청을 암시한다. 이러한 함축적 의미를 이해하지 못하면 화자의 의도를 놓치게 되어 대화가 원활히 이루어지지 않는다. 이는 단순한 개인적 의사소통의 실패를 넘어, 사회적 상호작용과 관계 형성에 필수적인 협력적 소통 능력을 저해할 수 있다. 따라서 함축과 추론을 통한 의사소통은 효과적인 사회적 관계의 핵심 전제 조건이다.

- 예를 들어, 물건 값을 깎고 싶을 때 "너무 비싸요. 안 사요!"라고 직접적으로 말하기보다는 "사장님, 제가 예산이 좀 부족해서 그런데, 혹시 조금만 조정해주실 수 없을까요?"와 같이 공손하게 요청하는 것은 상대방의 체면을 세워주면서 원하는 바를 얻으려는 언어 전략이다.
- 빌린 돈을 갚으라고 독촉할 때도 "내 돈 당장 내놔!"라고 하기보다는 "혹시 지난번에 빌려 가신 돈은 언제쯤 가능하실까요?"라고 완곡하게 표현하는 것은 사회적 관계를 해치지 않으려는 언어적 노력이다.

돈 거래도 결국 사람 사이의 관계 속에서 이루어지기 때문에, 이처럼 상대방을 배려하는 언어 사용은 중요하다. 이는 인간이 사회적 동물로서 언어를 통해 관계를 맺고 유지하려는 본능적인 특성이 화폐 거래 방식에도 관여하고 있음을 보여준다.[34]

34 공손성 전략은 화자와 청자 간의 '언어적 거리(linguistic distance)' 또는 '사회적 거리(social distance)'와 밀접한 관련이 있다. 브라운과 레빈슨(Brown & Levinson, 1987)의 공손성 이론에 따르면, 사회적 거리, 권력 관계, 그리고 특정 발화 행위가 상대방의 체면을 위협하는 정도(face-threatening act, FTA)에 따라 화자는 다양한 공손성 전략을 사용한다. 예를 들어, 가격을 깎거나 빚 독촉을 하는 행위는 상대방의 체면을 손상시킬 수 있는 FTA에 해당하므로, 직접적인 표현보다는 완곡하고 간접적인 공손 표현을 사용하여 사회적 거리를 조절하고 관계 손상을 최소화하려는 경향이 나타난다. 역시 화폐 거래가 단순한 경제적 교환을 넘어 섬세한 사회적 상호작용임을 보여주는 또 다른 증거이다.

9.2.5. 사회문화적 맥락의 영향

화폐 거래의 화용론적 양상은 사회문화적 배경에 따라 달라질 수 있다. 이는 각 사회가 가진 고유한 '삶의 형식'과 그 안에서 통용되는 '돈에 대한 언어 게임'의 규칙이 다르기 때문이다.

- 어떤 문화권의 시장에서는 활발한 가격 흥정이 거래의 당연한 일부로 여겨지며, 판매자와 구매자 간의 밀고 당기는 언어적 상호작용 자체가 하나의 즐거움이 되기도 한다. 반면, 또 다른 문화권에서는 정찰제를 선호하며 가격을 깎으려는 시도를 무례하거나 부적절하다고 여길 수 있다.
- 팁tip 문화도 마찬가지다. 미국 같은 나라에서는 식당에서 팁을 주는 것이 거의 의무적인 사회적 규범으로 자리 잡았지만, 한국이나 일본에서는 팁 문화가 일반적이지 않다. 이는 서비스에 대한 감사를 표현하고 보상하는 방식에 대한 사회적 합의, 즉 '돈을 매개로 한 언어 게임'의 규칙이 다른 것이다.

이처럼 화폐 거래는 보편적인 경제 논리만으로 움직이는 것이 아니라, 각 사회의 독특한 언어적 관습과 문화적 가치 체계 속에서 다양한 모습으로 나타난다. 이는 화폐 현상이 인간의 언어와 문화라는 토양 없이는 존재하거나 유지될 수 없음을 시사한다.

9.3. 통사론과 화용론의 상호작용: 화폐 거래의 완성

화폐 거래는 통사론적으로 잘 구조화된 형식과 화용론적으로 적절한 맥락적 수행이 결합될 때 비로소 성공적으로 완성된다. 아무리 문법적으로 완벽한 문장이라도 부적절한 상황에서 사용되면 의사소통에 실패하듯, 거래의 형식적 요건이 충족되더라도 참여자 간의 신뢰 부족, 의도 오해, 사회적 규범 위반 등이 발생하면 거래는 실패하거나 갈등을 야기할 수 있다.

예를 들어, 온라인 중고 거래에서 판매자가 상품 정보를 정확히 기재하고 구매자가 약속된 금액을 제때 송금했더라도(통사적 정형성), 판매자가 갑자기 무례한 언어를 사용하거나 구매자가 과도한 추가 요구를 한다면(화용론적 부적절성), 거래 경험은 부정적으로 변질될 수 있다. 반대로, 약간의 형식적 흠결(예: 거스름돈 계산 착오 후 정정)이 있더라도 상호 존중과 신뢰의 분위기 속에서는(화용론적 적절성) 원만하게 해결될 수 있다.

결국, 화폐 거래는 단순한 물물교환이나 가치 이전의 메커니즘을 넘어, 인간의 언어 사용 능력에 깊이 뿌리내린 사회적 실천이다. 통사론적 구조는 거래의 안정성과 예측 가능성을 제공하며, 화용론적 측면은 거래에 유연성과 사회적 의미를 부여한다. 이 두 가지 관점을 통합적으로 적용함으로써, 우리는 화폐가 어떻게 우리 삶 속에서 구체적으로 작동하며 다양한 사회적 관계를 매개하는지 이해할 수 있다.

9.4. 언어학적 유비의 설명력

화폐 거래에 대한 통사론 및 화용론적 유비를 단순히 흥미로운 비교로만 바라볼 일은 아니다. 전통 경제학은 주로 화폐의 기능(교환의 매개, 가치 저장, 회계 단위)과 합리적 행위자 모델에 기반한 효율적 자원 배분에 초점을 맞추는 경향이 있다. 그러나 이러한 접근은 화폐가 실제 사용되는 과정에서 나타나는 사회적, 문화적, 관계적 의미와 복잡한 상호작용의 역동성을 충분히 설명하지 못할 때가 많다. 언어학적 분석은 바로 이 지점에서 그 설명력을 발휘한다.

9.4.1. 화폐의 다의성과 용도 특정성

언어학적 분석의 첫 번째 측면은 화폐의 의미가 맥락에 따라 달라지는 다의성에서 비롯된다. 경제학은 화폐를 대체 가능한fungible 중립적 도구로 간주하지만, 실제로는 출처와 맥락에 따라 상이한 의미를 지닌다. 예를 들어, 선물로 받은 돈과 노동의 대가로 얻은 돈은 동일한 액수라도 정서적·사회적 가치가 다르며, 이는 사용 방식에 영향을 미친다. 이는 언어의 다의성polysemy과 유사하다. 마치 단어가 문맥에 따라 새로운 의미를 획득하듯, 화폐도 사회적 출처에 따라 재구성된다(Zelizer, 1994). 비비안 젤리저는 사람들이 화폐에 "학비용", "비상금", "더러운 돈"과 같은 사회적 꼬리표를 붙여 사용을 구분한다고 보았다. 예컨대, "이 돈은 학비에만 써야 한다"는 조건은 화폐 사용에 통사적 제약을 부과하는 언어 행위로, 언어의 문법적 규범과 유사한 사회적 규칙을 반영한다.

화폐의 사용 방식은 사회적 관계를 형성하는 교환 행위에서도 두드러진다. 가령, 선물 교환과 시장 거래는 경제적 가치의 이전이라는 점에서 유사하지만 화용론적 기능에서 뚜렷이 구분된다. 선물 교환은 사회적 유대를 강화하며, 즉각적 등가 교환보다는 시간차를 둔 호혜성을 특징으로 한다(Mauss, 2002). 반면, 시장 거래는 즉각적이고 등가적인 교환의 문법을 따른다. 선물의 정성스러운 포장, 감사 표현, 비언어적 제스처는 선물 교환을 시장 거래와 구분 짓는 화용론적 표지pragmatic marker로서, 비트겐슈타인의 언어 게임 개념으로 보면 서로 다른 사회적 상황과 방식의 차이를 드러낸다. 이러한 구분은 문화권마다 뚜렷한 차이를 보인다. 예를 들어, 동아시아의 관시guanxi(關係) 문화에서는 선물 교환이 단순한 호의가 아니라 장기간 유지되는 상호 의무와 신뢰 구축의 수단으로 기능한다. 반면, 서구의 명절 선물 문화는 크리스마스나 추수감사절처럼 특정 시기에 집중되며, 그 시기에 한정된 계절적 호혜성과 사회적 유대감을 강화하는 역할을 한다.

9.4.2. 상호작용과 내러티브

관계적 교환을 넘어, 화폐는 경쟁적 상호작용인 시장 협상에서도 복잡한 의미를 드러낸다. 시장 협상은 화용론적 상호작용을 통해 권력 관계와 의도적 커뮤니케이션을 보여준다. 구매자가 "이 물건 상태가 별로네요"라고 말할 때, 품질 평가라는 표면적 발화는 가격 인하 요청이라는 함축implicature을 담는다. 이는 그라이스의 협력 원리에 따라 해석되며, 청자는 발화의 표면적 의미를 넘어 화자의 의도를 추론한다. 어투, 침묵, 발화 순서, 전문 용어는 참여자 간 권력 불균형과 정보 비대칭을 반영한다. 예를 들어, 판매자의 자신감 있는 어조는 심리적 우위를 점하는 화행으로 작용한다. 이러한 역동성은 직설적인 서구 협상 스타일과 간접적인 동아시아 스타일 간의 화용론적 차이에서도 나타나며, 경제학의 수요-공급 모델로는 포착되지 않는다.

화폐의 의미는 개별 거래에서의 미시적 상호작용뿐 아니라, 더 넓은 사회적 차원에서 이루어지는 내러티브에도 의존한다. 암호화폐나 지역화폐와 같은 새로운 화폐가 사회적으로 널리 수용되기 위해서는 단순한 기술적 효용성만으로는 충분하지 않으며, 이를 둘러싼 사회적 서사narrative의 설득력이 필수적이다. 예컨대, 비트코인이 내세우는 "탈중앙화"나 "검열 저항"이라는 서사는 화폐에 특정한 화용론적 가치를 부여하고, 이를 통해 사용자들의 참여를 유도한다. 이는 새로운 화폐가 기존 화폐의 관습적인 "문법"과 공존하거나 이를 혁신하면서 새로운 언어 게임의 규칙을 만들어가는 과정으로 볼 수 있다. 그러나 내러티브가 성공적으로 작동하기 위해서는 각 문화적 맥락과 현실적 조건을 고려해야 한다. 실제로 지역화폐의 성공은 지역 공동체 내에서 형성된 신뢰에 크게 의존하며, 아프리카의 모바일 화폐인 M-Pesa[35] 역시 현지 주민의 접근성과 신뢰라는 현실적 서사에 기반하여 성공적으로 확산되었다. 반면 일부 암호화폐는 지나치게 과장된 내러티브 때문에 사용자들에게 오히려 신뢰를 잃는 경우도 있었다.

화폐의 다의성, 관계적 교환, 협상 역학, 내러티브는 화폐가 단순한 경제 도구를 넘어서는 복합적 현상임을 보여준다. 다의성은 화폐의 의미 유연성을, 선물 교환은 관계적 기능을, 협상은 권력 역학을, 내러티브는 사회적 수용을 각각 조명하며, 이들은 상호보완적으로 화폐의 사회적 역할을 설명한

35 M-Pesa는 2007년 케냐에서 시작된 모바일 결제 서비스로, 은행 접근이 어려운 지역 주민들도 휴대전화를 이용해 송금과 저축, 지불 등을 할 수 있게 한 대표적인 성공 사례이다.

다. 통사론과 화용론을 통한 이러한 분석은 화폐 철학을 풍부히 하며, 경제학, 사회학, 인류학과 같은 인접 학문과의 학제적 대화를 촉진한다. 특히, 글로벌 및 지역적 맥락에서의 화폐 사용 분석은 미래 화폐 시스템의 설계와 수용에도 시사점을 제공한다.

Part II. 요약 및 과제

| 요약 |

화폐는 언어적 합의와 사회적 실천을 통해 구성되는 사회적 실재이다. 화폐는 정부의 "이 지폐는 법정 화폐이다"라는 선언과 같은 수행적 언어 행위를 통해 제도적 지위를 얻는다. 이 과정은 공동체의 집합적 의도와 신뢰에 기반을 둔다. 따라서 화폐의 가치는 고정된 본질이 아니라 구체적인 사용 맥락 속에서 끊임없이 재구성된다. 물건을 사고팔거나 가격을 흥정하고 신용 약속을 맺는 모든 행위는 일정한 규칙을 따르는 일종의 '돈 게임'이며, 이는 비트겐슈타인의 언어 게임 개념과 유사하다. 이 게임은 참여자들이 그 규칙을 공유하고 신뢰할 때만 유지될 수 있다. 금융 시스템 또한 언어의 수행적 특성에 그 뿌리를 둔다. 계약과 약속은 수행적 화행으로서 미래의 행동을 구속한다. 스마트 컨트랙트는 이러한 언어적 합의를 코드로 구현한 것이다. 또한 화폐 거래는 통사론적 규칙과 화용론적 원리에 따라 작동한다. 거래는 문장이 일정한 구성 규칙을 따르듯 질서를 유지해야 하며, 참여자들의 말과 행동은 특정 상황에서 화용론적 원리에 따라 의미를 형성하고 소통을 이끈다.

토론

1. 설의 지위 기능 선언과 비트겐슈타인의 언어 게임은 화폐의 존재론을 설명하는 데 있어 각각 어떤 강점과 한계를 지니는가? 두 이론은 상호 보완적인가, 아니면 대립적인가?
2. 스마트 컨트랙트는 전통적인 계약과 비교했을 때 언어의 수행적 기능 측면에서 어떤 본질적인 차이점과 유사점을 가지는가? "코드가 곧 법Code is Law"이라는 명제는 타당한가?
3. 화폐 거래 시 나타나는 공손성 전략은 문화권에 따라 어떻게 다르게 나타날 수 있는가? 특정 문화의 공손성 전략이 다른 문화권의 사람에게 오해를 불러일으킬 수 있는 사례를 논의해 보라.
4. 만약 모든 사람이 특정 암호화폐를 더 이상 돈으로 받아들이지 않기로 합의한다면, 그 암호화폐의 가치는 어떻게 될까? 설의 집합적 수용 개념과 비트겐슈타인의 언어 게임의 중단과는 어떤 관련이 있는가?

| 탐구 |

1. 최근 보도된 화폐 관련 뉴스 기사를 하나 선택하여(예: 특정 국가의 통화 정책 변화, 새로운 디지털 화폐 등장, 환율 변동 등), 본 장에서 논의된 개념들(지위 기능 선언, 언어 게임, 수행적 언어, 통사·화용론적 요소 등)을 적용하여 분석하고 그 의미를 해석해보시오.
2. 실제 금융 상품(예: 예금, 대출, 보험, 펀드 등)의 계약서를 구해, 그 안에 사용된 언어의 수행적 기능과 계약 당사자 간의 권리 및 의무를 규정하는 조항들을 분석해보시오. 계약서의 어떤 부분이 지위 기능 선언에 해당하는지 찾아보시오.
3. 우리 주변에서 일어나는 다양한 '돈 게임'(예: 시장에서의 흥정, 친구 간의 돈 거래, 온라인 중고 거래, 자선 기부 등) 중 하나를 선택하여 관찰하고, 그 게임의 참여자, 규칙, 사용되는 주요 언어 표현(화행), 그리고 그 안에 담긴 함축적 의미나 사회적 관계 등을 기록하고 분석해보시오.
4. 통사론의 주요 이론 중 하나를 선정하여, 현대 화폐 거래의 구조적 특성에 대한 보고서를 작성하시오. (예: 거래를 하나의 문장에 비유하고, 행위자(Agent), 교환 대상(Theme), 수취인(Recipient), 매개물(Instrument) 등 필수 의미역(θ-role)을 식별·분석한 후, 통사적 개념을 적용하여 제출자만의 독창적인 아이디어를 제시) (부록 예시 2 참조)

화폐에 대한 인지적 접근

Part Ⅲ

화폐라는 개념은 우리의 마음속에서 어떻게 그려지는가? Part III에서는 현대 언어학의 주요 흐름인 인지언어학을 분석의 도구로 사용한다. 인지언어학은 언어를 인간의 인지 능력과 분리될 수 없는 활동으로 본다. 이에 따르면 언어는 지각, 기억, 추론, 감정, 신체 경험, 범주화 등 인간의 경험에 기반한 정신 활동의 산물이다. 인간의 경험과 개념화 과정을 논의의 근간으로 하는 인지언어학은 화폐가 의미를 획득하고 사용되는 과정을 분석함에 있어 또 다른 시각을 제공할 것이다. 화폐는 계속해서 단순한 경제적 도구를 넘어선다. 그것은 인지적 틀과 언어적 관습을 통해 개념화되고 의미가 부여되는 대상이다.

10장

개념적 은유와 화폐의 이해

본 장에서는 인지언어학의 핵심 이론 중 하나인 레이코프와 존슨의 개념적 은유 이론을 중심으로 우리가 화폐라는 추상적인 대상을 이해하고 경험하는 인지 과정을 분석하고자 한다.

10.1. 개념적 은유 이론

일반적으로 은유metaphor는 문학적 수사법으로서, 언어 표현을 아름답게 꾸미거나 생생하게 만드는 장식적 요소로 인식하는 것이 보통일 것이다. 그러나 레이코프와 존슨은 『삶으로서의 은유Metaphors We Live By』(1980)를 통해 은유가 단순히 언어 표현상의 수사학적 문제가 아니라, 인간의 기본적인 사유 방식이자 개념 체계의 근간을 이루는 핵심적 인지 과정임을 역설하

였다.[36]

이른바 '개념적 은유 이론Conceptual Metaphor Theory, CMT'이란 것인데, 이에 따르면 은유는 "하나의 개념 영역conceptual domain을 다른 개념 영역을 통해 이해하는 것"으로 정의된다. 인간은 상대적으로 추상적이거나 덜 명확한 개념target domain(목표 영역)을 보다 구체적이고 친숙하며 경험적으로 잘 구조화된 개념source domain(근원 영역)의 틀을 빌려 이해한다는 것이다. 즉, 개념적 은유는 근원 영역에서 목표 영역으로의 체계적인 사상mapping(寫像)을 통해 이루어진다.

예를 들어, '논쟁은 전쟁이다ARGUMENT IS WAR'라는 은유를 사용했다면, 그것은 우리가 '논쟁'이라는 추상적이고 사회적인 상호작용을 '전쟁'이라는 보다 구체적이고 물리적인 경험 영역을 통해 파악하려 하고 있음을 보여준다. 이를 도식으로 나타내면 다음과 같다.

이 은유로 인해 우리는 논쟁에서 "상대방의 주장을 공격한다attack a position", "자신의 입장을 방어한다defend a position", "상대방의 약점을 공략한다exploit a weakness", "전략을 세운다devise a strategy", "승리하거나 패배한다win or lose an argument" 등, 전쟁 관련 어휘 및 개념을 자연스럽게 사용하며 논쟁 상황을 구

36 조지 레이코프(George Lakoff, 1941~)는 미국의 언어학자이자 인지과학자로, UC Berkeley에서 오랜 기간 교수로 재직하면서 인간의 사고와 개념 구조를 연구하였다. 그는 언어와 사고의 관계를 뇌과학 및 인지심리학과 연결시켜 연구함으로써 언어학뿐 아니라 인지과학 전반에 큰 영향을 끼쳤다. 마크 존슨(Mark Johnson, 1949~2023)은 미국의 철학자이자 인지과학자로, University of Oregon에서 철학 교수로 재직하며 인간 인지의 은유적 사고 구조와 철학적 의미의 신체적 토대에 대한 연구를 진행했다. 존슨은 철학적 담론에 인지적 관점을 도입하여 철학, 인지과학, 인문학의 경계를 확장하는 데 기여했다. 레이코프와 존슨은 공동 연구를 통해 은유가 인간의 사고와 행동을 결정짓는 근본적 메커니즘임을 밝혀냈으며, 이들의 연구는 이후 인지언어학을 비롯한 여러 학문 분야에 광범위한 학문적 변화를 가져왔다.

조화하고 경험한다. 여기서 중요한 점은 이러한 은유적 사유가 우리의 일상 언어에 깊이 배어 있을 뿐만 아니라, 실제 논쟁 상황에서 우리의 태도와 행동 방식에도 영향을 미친다는 것이다. 가령 논쟁을 '춤(ARGUMENT IS DANCE)'이나 '건축(ARGUMENT IS CONSTRUCTION)'과 같은 다른 은유로 개념화했다면, 논쟁에 임하는 우리의 태도와 행동 방식은 현저히 달라질 것이다.[37]

개념적 은유의 주요 특성은 다음과 같다.

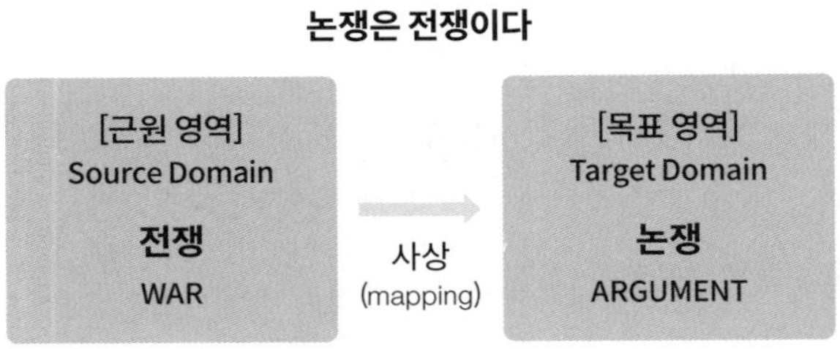

개념적 은유(ARGUMENT IS WAR)

- **체계성(Systematicity)**
  근원 영역에서 목표 영역으로의 사상은 단편적이거나 무작위적이지 않고, 두 영역 간의 구조적 유사성을 기반으로 체계적으로 이루어진다. 근원 영역의 존재론적 특성ontological properties, 인식론적 구조epistemic

37 논쟁을 전쟁으로 보면 상대방을 이겨야 할 적으로 여기고 공격과 방어, 승리와 패배에 집중하게 되지만, 논쟁을 춤으로 보면 상대방과 호흡을 맞추며 조화롭게 의견을 주고받는 파트너로 인식하게 되고, 건축으로 보면 서로의 생각을 쌓아 올려 함께 더 나은 결과를 만들어가는 협력자로 보게 될 것이다. 어떤 은유를 쓰는지에 따라 논쟁의 목적, 상대에 대한 태도, 사용하는 언어와 실제 행동까지 달라질 수 있는 것이다.

structures, 그리고 추론 패턴inferential patterns 등이 목표 영역으로 일관되게 투사되는 것이다.

- **부분성(Partiality)**

  은유는 목표 영역의 모든 측면을 조명하는 것이 아니라, 특정 측면만을 부각하고 다른 측면은 가리거나 축소한다. 예를 들어, 위의 '논쟁은 전쟁이다' 은유는 논쟁의 대립적이고 경쟁적인 측면을 강조하지만, 협력적이고 합의적인 측면은 간과하도록 만들 수 있다.

- **무의식성(Unconsciousness)**

  대부분의 개념적 은유는 우리의 일상적 사유와 언어 사용 속에 깊이 체화되어 있어, 우리는 그것을 의식하지 못한 채 사용한다.

- **경험 기반성(Experiential Basis)**

  개념적 은유는 인간의 신체적 경험, 사회문화적 경험, 그리고 물리 세계와의 상호작용에 그 뿌리를 두고 있다.

개념적 은유 이론은 철학, 심리학, 인류학, 교육학 등 다양한 학문 분야에 영향을 미쳐, 추상적 개념이 인간의 두뇌에서 구체화되는 인지적 메커니즘을 제공하였다.[38] 화폐 역시 추상적이고 다면적인 개념이라는 점에서, 개념

38 인간의 인지 구조를 밝히는 연구뿐만 아니라, 교육학에서는 추상적이고 어려운 개념을 익숙한 은유를 활용해 보다 쉽게 가르치고 이해시키는 교수법이 개발되었다. 심리학에서는 불안이나 우울 등 정서적 문제를 치료하기 위해 환자의 부정적인 인지적 은유를 긍정적이고 건강한 은유로 전환하는 인지 치료법이 발전했다. 또한 인류학에서는 다양한 문화권에서 나타나는 사고방식과 의사소통의 차이를 근본적으로 드러내는 개념적 은유를 분석함으로써, 문화적 이해와 소통을 증진하는 연구가 활발히 이루어지고 있다. 이처럼 다양한 분야에서 이루어진 연구의 바탕

적 은유 이론으로 화폐를 분석하는 것은 다른 어떤 이론적 프레임 못지 않게 정당성을 얻을 가능성이 많다.

10.2. 화폐에 대한 개념적 은유

화폐는 인간 사회의 많은 영역에서 발견되는 복합 현상으로서 단일 은유만으로는 그 면면을 설명하기 어렵다. 따라서 화폐를 이해하기 위해서는 다양한 근원 영역으로부터 개념적 구조를 빌려올 필요가 있다. 화폐와 관련하여 흔히 관찰되는 주요 개념적 은유를 살펴보자.

(1) 화폐는 액체다 (MONEY IS LIQUID)

- **언어적 증거**
  "현금 흐름cash flow", "돈이 마르다/넘쳐나다", "자금 유동성liquidity", "돈을 쏟아붓다", "돈이 새다", "돈줄이 막히다", "자금 세탁money laundering".
- **근원 영역(액체)의 특성**
  흐르는 성질, 용기에 담기는 성질, 양의 변화(증가/감소), 순환, 정체, 오염 가능성.

에는 개념적 은유가 인간 사고와 행동의 근본 메커니즘임을 밝혀낸 레이코프와 존슨의 연구가 기반이 된 경우가 많다.

- **목표 영역(화폐)에 대한 이해**

  이 은유는 화폐가 경제 시스템 내에서 끊임없이 순환하고 이동하며, 그 양이 변동될 수 있다는 점을 부각한다. '유동성'이라는 경제 용어의 문자적 의미 자체가 이 은유를 직접적으로 보여준다. 또한, 돈이 쉽게 사라지거나(새다), 잘못된 곳으로 흘러갈 수 있으며(세탁), 그 흐름이 막힐 경우 문제가 발생할 수 있다는 인식도 심어준다. 기업의 재무 상태를 평가할 때 중요 지표 중 하나로 사용되는 '현금 흐름'도 이 은유에 기반하고 있다.

(2) 화폐는 자원이다 (MONEY IS A RESOURCE)

- **언어적 증거**

  "자금난", "재원 고갈", "돈을 아껴 쓰다", "자원을 효율적으로 배분하다", "투자 재원 마련".
- **근원 영역(자원)의 특성**

  한정된 양, 필요에 따라 사용됨, 고갈될 수 있음, 관리가 필요함.
- **목표 영역(화폐)에 대한 이해**

  화폐를 석탄, 석유, 물과 같은 유한한 천연자원이나 원자재에 비유함으로써, 돈이 무한하지 않으며 신중하게 관리하고 효율적으로 사용해야 할 대상임을 인식하게 한다. '자금'이라는 말 자체로 '재료가 되는 밑천'이라는 의미를 내포하며, 이는 화폐를 특정 목적을 달성하기 위한 기본적 투입물로 보는 관점을 반영한다.

(3) 화폐는 힘/권력이다 (MONEY IS POWER/FORCE)

- **언어적 증거**

  "돈의 힘", "금권 정치", "돈이면 다 된다", "자본의 위력", "돈으로 사람을 움직이다".

- **근원 영역(힘/권력)의 특성**

  영향력 행사, 통제력, 무언가를 가능하게 하거나 방해하는 능력.

- **목표 영역(화폐)에 대한 이해**

  이 은유는 화폐가 사회적 관계나 개인의 행동에 직접적인 영향력을 행사하는 강력한 동인이 될 수 있음 강조한다. 돈이 많을수록 더 많은 선택권을 갖고 타인이나 상황을 통제할 수 있다는 인식을 강화하며, 때로 돈이 도덕적 가치나 인간관계보다 우위에 설 수 있다는 부정적인 함의를 내포하기도 한다.

(4) 시간은 돈이다 (TIME IS MONEY)

- **언어적 증거**

  "시간을 벌다/낭비하다/절약하다/투자하다", "그 일은 시간을 들일 가치가 없다", "시급", "기회비용".

- **근원 영역(돈)의 특성**

  가치 있는 것, 측정 가능함, 교환 가능함, 유한함, 효율적으로 사용해야 함.

• **목표 영역(시간)에 대한 이해**

이 은유는 시간을 마치 돈처럼 유한하고 가치 있는 자원으로 간주하게 하여, 그것을 효율적으로 관리하고 생산적으로 사용해야 한다는 압박감을 부여한다. 벤자민 프랭클린에 의해 널리 퍼진 것으로 알려진 이 은유는 특히 자본주의 사회의 노동 윤리와 생산성 중심의 사고방식을 함의한다.[39]

(5) 화폐는 음식/영양분이다(MONEY IS FOOD/NUTRIENT)

• **언어적 증거**

"생활비(먹고사는 돈)", "돈줄이 마르다(굶주림 연상)", "자금 지원(영양 공

39 이 경우 목표 영역과 근원 영역이 바뀐 형태로도 볼 수 있으며, 돈의 가치를 시간의 가치에 빗대어 이해하는 상호적인 은유 관계를 형성하기도 한다. 개념적 은유 이론에서 근원 영역과 목표 영역은 고정적이지 않고 '상대적'인 관계를 가지므로, 하나의 개념이 상황에 따라 서로 다른 은유에서 목표와 근원 역할을 번갈아 할 수 있다. 위의 사례에서 보듯, 돈은 '돈은 액체다(MONEY IS LIQUID)' 은유에서는 액체라는 더 구체적인 개념을 통해 이해되는 목표 영역이지만, '시간은 돈이다(TIME IS MONEY)' 은유에서는 시간에 비해 더 구체적이고 명확한 개념이기 때문에 근원 영역으로 기능할 수 있다. 이는 인간이 개념을 이해하는 과정에서 절대적인 기준보다는 구체성과 추상성의 상대적 위계(hierarchical structure)에 따라 은유적 체인(metaphorical chain)을 구성하기 때문인 것으로 파악된다. 개념적 은유 이론에 따르면, 은유적 체인은 추상성과 구체성의 상대적 위계에 따라 단계적으로 구성될 수 있다. "시간은 돈이다"라는 은유에서 출발해 "돈은 액체다", "액체는 움직이는 물체다"처럼 계속 근원 영역을 따라 내려가다 보면, 결국에는 인간의 신체적이고 직접적인 경험, 즉 움직임, 공간, 힘, 접촉 등과 같은 원초적 감각 영역에 이르게 된다는 것이다. 모든 추상 개념이 궁극적으로는 인간의 구체적인 신체 경험에 뿌리를 두고 형성된다는 레이코프와 존슨의 신체화된 인지(embodied cognition) 이론을 만나게 되는 지점이다.

급)", "경제 성장(성장에 필요한 양분)".

- **근원 영역(음식/영양분)의 특성**

  생존에 필수적, 성장을 도움, 결핍 시 문제 발생.

- **목표 영역(화폐)에 대한 이해**

  화폐를 개인이나 조직, 경제 시스템의 생존과 성장에 필수적인 요소로 인식시켜, 부족하게 될 경우 기본적 생활 유지가 어렵거나 경제 활동이 위축될 수 있다는 점을 직관적으로 이해하게 한다.

이 외에도, '화폐는 사냥감이다MONEY IS PREY', '화폐는 게임이다MONEY IS A GAME', '화폐는 약이다/독이다MONEY IS MEDICINE/POISON' 등 다양한 개념적 은유를 계속해서 더 생각해볼 수 있으며, 이때 각각의 은유는 소통의 목적과 필요에 따라 화폐의 특정 측면을 부각하거나 특정한 방식으로 화폐 관련 경험을 개념화할 것이다.

10.3. 화폐 은유의 유용성

화폐에 대한 개념적 은유를 그저 언어유희로 바라만 볼 일은 아니다. 인간의 화폐에 대한 인식, 태도, 행동에 근본적으로 영향을 미치는 인지적 기제인 까닭이다. 우리가 화폐 은유를 통해 얻을 수 있는 것은 다음과 같다.

첫째, 은유는 추상적인 화폐 개념을 구체화하고 이해를 용이하게 한다. 화폐의 가치, 유통, 축적과 같은 복잡한 속성을 액체의 흐름, 자원의 관리, 힘의 작용과 같은 구체적인 경험 영역에 빗댐으로써 보다 직관적인 파악이 가능하다.

둘째, 은유는 화폐에 대한 가치판단을 형성한다. 예를 들어, '화폐는 힘이다'라는 은유는 돈을 긍정적으로는 성취의 수단으로, 부정적으로는 타락의 원인으로 보게 할 수 있다. '시간은 돈이다'라는 은유는 효율성과 생산성을 중시하는 태도를 강화하지만, 여유와 비생산적 활동의 가치를 평가절하할 수도 있다.

셋째, 은유는 화폐 관련 문제 해결과 정책 결정에 영향을 미친다. 경제정책을 수립하거나 화폐 문제를 해결할 때, 정책 결정자와 실무자들은 자신이 사용하는 은유가 실제 해법의 방향을 크게 좌우한다는 점을 인식해야 한다. 예를 들어 경제 위기를 '자금 흐름의 경색'(화폐는 액체다)으로 진단하면 유동성 공급에 집중하게 되는데, 이때는 단순히 돈을 푸는 데 그치지 말고 자금이 실제로 필요한 부문에 효율적으로 전달되는지, 그리고 유동성 확대의 부작용(인플레이션, 자산 버블 등)까지 꼼꼼히 점검해야 한다. 반면 국가 재정을 '한정된 자원'(화폐는 자원이다)으로 본다면 지출 삭감과 예산 효율화에 초점이 맞춰지지만, 무분별한 삭감은 경기 위축이나 사회적 불평등을 초래할 수 있으므로 필수 영역 보호와 투명한 배분이 중요하다. 따라서 한 가지 은유에만 의존하지 말고, 다양한 관점에서 문제를 진단하며 정책의 효과와 부작용을 균형 있게 검토하는 태도가 바람직하다 하겠다.[40]

40 과거 코로나19 경제위기 대응 과정에서 당시 홍남기 부총리와 더불어민주당이 서로 다른 은유를 사용하여 같은 민생지원 예산을 전혀 다르게 바라본 적이 있다. 국가 재정을 '한정된 자원'이나 '가계부'로 보는 홍남기 부총리 측의 은유는 예산을 제한적이고 소모적인 자원으로 인식하게 하여 긴축과 효율성 중심의 정책을 강조한 반면, 민주당의 '유동성 공급'이나 '긴급한 생명줄'이라는 은유는 예산을 적극적이고 유동적으로 활용해야 하는 자원으로 인식하게 하여 적극적이

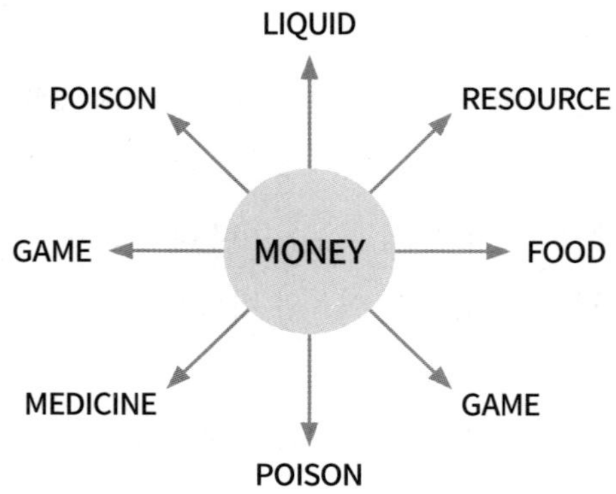

넷째, 서로 다른 화폐 은유들은 때로는 상충되거나 모순적인 함의를 가질 수 있다. 예를 들어, '화폐는 액체다' 은유는 돈의 끊임없는 유통과 소비를 강조하는 반면, '화폐는 자원이다' 은유는 절약과 보존을 중시할 수 있다. 이러한 은유 간의 긴장 관계는 화폐에 대한 우리의 복합적이고 때로는 양가적

고 신속한 지원 정책을 촉진하였다. 결국 이러한 서로 다른 은유적 인식은 같은 현실을 놓고도 근본적으로 다른 우선순위와 해법을 도출하는 핵심적인 인지적 틀로 작용했다는 점에서 개념적 은유 이론의 현실적 함의를 잘 보여주는 사례라고 할 수 있다. 하지만 해결점도 같은 곳에서, 즉 견해의 차이가 생긴 바로 그 지점에서 찾아야 한다. 같은 현실을 두고 서로 다른 은유적 사고로 인해 갈등과 논쟁이 생겼다면, 그 해결책 또한 은유적 사고의 틀에서 찾을 수 있다는 말이다. 서로 다른 은유가 충돌할 때, 양측 은유의 기저에 놓여 있는 보다 근본적인 공통의 가치나 목표, 즉 『공통 은유 영역(shared metaphorical domain)』을 찾아낼 수 있다면 갈등을 해소하거나 최소한 완화할 수 있는 실마리가 마련되기 때문이다. 위의 예산 논쟁 역시 양측의 근본적 목표는 결국 국민 삶의 안정과 지속 가능한 경제 유지라는 점에서 공통된다. 따라서 서로가 사용하는 은유를 이해하고 인정한 후, 이를 통해 도출되는 공동의 목표와 가치를 바탕으로 양측이 수용 가능한 새로운 은유를 창조한다면, 현실의 문제 해결을 위한 효과적인 합의와 타협의 가능성이 높아질 수도 있다.

ambivalent(兩價的)인 태도를 반영한다.

화폐를 둘러싼 다양한 개념적 은유들을 비판적으로 인식하고 분석하는 것은 우리가 무의식적으로 받아들이는 화폐에 대한 통념과 가치관을 성찰하고 보다 다각적이고 균형 잡힌 시각으로 화폐 현상을 이해하게 한다. 새로운 금융 환경이 도래함에 따라 기존의 화폐 은유가 여전히 유효한지, 혹은 새로운 은유가 어떻게 등장하고 우리의 인식을 재편하고 있는지 지속적으로 관찰하고 분석하는 것이 중요하다 할 것이다.

11장

인지문법으로 본 화폐 개념

랭애커[41]의 인지문법Cognitive Grammar, CG에 따르면, 언어의 구조는 화자가 특정 장면이나 상황을 인지적으로 개념화conceptualization하는 방식과 연관되어 있

41 로널드 랭애커(Ronald W. Langacker, 1942~)는 미국의 언어학자로서, 캘리포니아 대학교 샌디에이고(UCSD)에서 교수로 재직하며 언어와 인지과학의 접점에서 활발한 연구를 수행했다. 초기에는 노엄 촘스키(Noam Chomsky)의 생성문법에 영향을 받았지만, 이후 촘스키가 주장한 언어의 자율성과 형식적 접근 방식을 비판하고 언어 능력이 인간의 일반적인 인지능력과 긴밀히 연결된다고 주장하며 인지문법 이론을 창시했다. 랭애커는 이러한 연구 성과를 바탕으로 오늘날 인지언어학 분야의 핵심 이론가로 인정받고 있으며, 대표 저서인 『인지문법의 기초(Foundations of Cognitive Grammar)』를 비롯해 다양한 논문과 저술을 통해 언어학 연구에 중요한 영향을 미치고 있다. 그의 연구는 언어학, 심리학, 인지과학, 철학 등 다학제적 분야에서 자주 인용·참조된다. (인지문법은 필자의 석·박사 학위 전공 분야. 촘스키 이론을 신비로운 눈으로 바라보던 대학원생 시절, 랭애커 교수님을 처음 접한 것도 충격이었고, 그 두 분야가 서로의 공백을 메우며 풋내기 연구자의 호기심을 끝도 없이 자극했던 일은 더 큰 충격이었다. 그런데 지금, 그 이론들을 저 멀리 화폐 현상을 다루는 데 접목시키려 하고 있다니, 지적 스승들께서 과연 이를 어떻게 생각하실지 궁금하고 떨리는 마음이다.)

다. 인지문법을 화폐 개념 분석에 적용한다는 것은, 그러므로 화폐와 관련된 사고방식, 가치판단, 무의식적 전제들이 어휘 선택과 문법 구조를 통해 우리의 인지 속에서 반영되는 방식, 다시 말해 개념화 과정을 살펴본다는 것이다.

11.1. 상징성

언어 표현은 사용자의 무의식적 세계관과 가치판단을 반영한다.

인지문법의 창시자 로널드 랭애커와 그의 대표 저서

예를 들어 화폐의 '획득'을 나타내는 어휘를 보면,

- '돈을 벌다'는 노동을 비롯한 합법적 경제 활동에 기반한 정당한 대가를 강조하며 성실성과 긍정적 윤리를 내포한다.
- 반면, '돈을 따다'는 도박에서처럼 우연에 의한 획득을 의미하며 동시에 불확실성과 부정적 뉘앙스를 전달한다.
- 또 '돈을 줍다'는 예기치 않은 행운을, '돈을 훔치다'나 '갈취하다'는 비윤리적·불법적 행위를 나타낸다.

화폐의 '사용'과 관련된 어휘도 마찬가지다.

- '돈을 쓰다'는 중립적 지출을,
- '소비하다'는 효용 중심의 합리적 행위를,
- '낭비하다'는 비효율적 지출에 대한 부정적 평가를,
- '투자하다'는 미래 가치 창출을,
- '기부하다'는 이타적 도덕성을 내포 및 강조한다.

이러한 어휘 선택은 경제 윤리, 노동 가치, 합법성에 대한 사회적 규범을 암묵적으로 의미화하는데, 인지문법은 이를 '상징성symbolicity'이라는 개념으로 설명한다. 언어 단위는 음운 극phonological pole과 의미 극semantic pole이 결합된 '상징symbol'으로서, 이는 단순한 형식적 연결을 넘어 언어 사용자의 인지적 경험과 문화적 가치를 반영한다는 것이 그 주요 내용이다. 혹자는 여기서, 각각의 언어 표현이 저마다 다른 의미와 뉘앙스를 가지는 것이 너무나도 당연한

얘기가 아닌가 하고 의문을 품을 수 있다. 그러나 인지문법에서 제안하는 상징성 개념의 의의는 이 당연함 이면에 존재하는 무의식적이고 암묵적인 힘을 밝혀내는 데 있다. 다시 말해, 인지문법은 일상에서 거의 의식하지 못한 채 사용하는 언어 표현들이 우리의 사고 방식과 행동, 나아가 사회적 가치관과 판단에 지대한 영향을 미친다는 점을 지적한다. 같은 경제정책이라도 '재난지원금 지급'으로 표현하는 것과 '현금 살포'로 표현하는 것은, 각각 공동체적 연대와 무책임성을 함의하여 각기 다른 평가를 유도, 전혀 다른 사회적 함의를 지니 듯 말이다.[42] 이처럼 인지문법의 상징성은 언어 표현이 현실 인식과 그 가치 판단, 그리고 사회적 행동에 미치는 영향을 설명하는 데 깊은 관심을 두는 개념이다.

11.2. 조망

인지문법에서 말하는 조망construal이란, 동일한 대상에 대해서도 화자가 어떤 시각과 맥락에서 인지하고 표현하는지에 따라 그 의미가 달라질 수 있다는 개념이다. 앞서 상징성이 언어 표현 자체에 내재된 의미 구조를 다루었다면,

42 이와 같은 표현의 차이가 사고와 평가에 영향을 미친다는 점은 앞 장의 개념적 은유 이론에서도 지적된 바 있다. 다만, 개념적 은유 이론이 '재난지원금 지급'과 '현금 살포' 같은 표현들이 각기 어떤 근원 영역에서 기원했는지를 밝히는 데 주력한다면, 인지문법은 이 표현들이 화자의 조망 방식과 상징성을 통해 어떻게 특정 가치 판단과 현실 인식을 인지적으로 구성하는지를 분석한다. 즉, 양 이론은 서로 다른 분석 단위와 초점을 갖지만, 언어가 사고와 행동에 영향을 미친다는 공통된 문제의식을 공유하며 서로를 보완한다고 할 수 있다.

조망은 화자가 그 의미 구조를 통해 특정 측면을 의도적으로 부각하거나 밀어내면서 대상을 '능동적'으로 재구성하는 과정을 일컫는다.

'1만 원권 지폐 한 장'을 예로 들어보자. 다음은 이 동일한 대상이 우리 인간의 두뇌 속에서 조망될 때 수반 및 고려될 수 있는 인지적 과정이다.

(1) 상세성의 수준(Level of Specificity)

상세성의 수준이란 대상을 얼마나 구체적이고 세부적으로 볼지, 혹은 얼마나 추상적이고 포괄적으로 볼지를 결정하는 관점이다. 구체적으로 조망하면 화폐의 물리적 형태, 즉각적 효용성 등 세부적인 특징을 강조하여 개인의 실제 경험과 밀착된 의미를 드러낼 것이고, 추상적으로 조망하면 화폐를 개인적 차원을 넘어 일반적 자산이나 재정 상태와 같은 추상적이고 보편적인 개념으로 확장시켜 의미화할 것이다.

- **구체적 조망**

  "지갑 속에 만 원짜리 지폐 한 장이 있다."

  → 화폐의 물리적 실체나 즉각적 사용 가능성을 강조하며 개인적이고 구체적인 맥락을 드러낸다.

- **추상적 조망**

  "그 만 원은 그의 통장 잔고에서 차지하는 비중이 미미하다."

  → 화폐를 개인 전체 자산과의 상대적 비율로 파악하여, 개별적 맥락보다는 추상적이고 일반적인 맥락을 강조한다.

(2) 규모와 범위(Scale and Scope)

규모와 범위는 대상을 개인적이고 미시적인 맥락에서 바라볼지, 사회적이고 거시적인 맥락에서 바라볼지를 결정하는 조망의 한 유형이다.[43]

- **미시적 조망**

  "오늘 점심값으로 만 원을 사용했다."

  → 개인적 소비나 일상적 지출의 관점에서 화폐의 구체적인 활용을 강조한다.

- **거시적 조망**[44]

  "전체 통화량에서 만 원권 한 장이 차지하는 비중은 극히 작다."

  → 화폐를 국가 경제의 전반적인 맥락에서 이해하며, 사회적이고 집단적인 경제 흐름의 일부로 의미화한다.

43 두 개념을 묶어서 차이를 다시 설명하자면, '상세성의 수준'은 특정한 하나의 대상을 볼 때 얼마나 세부적인 특징을 포함해 구체적으로 묘사할 것인지, 혹은 세부 사항을 생략하고 얼마나 일반적이고 추상적인 방식으로 묘사할 것인지에 관한 문제이다. 반면 '범위'는 대상을 묘사할 때 개인적이고 일상적인 차원에서 볼 것인지, 아니면 국가나 사회 전체와 같은 큰 차원에서 바라볼 것인지를 결정하는 문제이다. 즉, 전자가 대상에 대한 세부 정보의 정도를 결정하는 문제라면, 후자는 관찰 대상의 크기나 차원을 결정하는 문제이다.

44 미시적, 거시적 조망이라는 용어는 랭애커가 원전에서 직접 사용한 용어는 아니고, 그가 제안한 '범위' 개념을 개인적·사회적 맥락으로 구분하여 이해를 돕기 위한 것이다.

(3) 전경화와 배경화(Profile and Base / Figure and Ground)

전경화와 배경화는 특정 표현이나 문장에서 어떤 정보를 강조하고(전경화), 어떤 정보를 덜 중요하게 취급할지(배경화) 결정하는 방식이다. 이는 화자가 의도적으로 정보를 선택하고 재구성하여 화폐의 특정 기능이나 의미를 부각시키는 데 중요한 역할을 한다.

- **예시 1: "철수가 만 원을 영희에게 건넸다."**
  → 화폐 이동과 관계된 인물이(철수, 영희) 전경화되고, 거래의 이유나 상황적 맥락은 배경화된다.
- **예시 2: "그는 만 원을 낭비했다."**
  → 화폐 사용의 부정적 결과가 전경화되고, 무엇을 구입했는지는 배경화된다.

(4) 관점(Perspective)

관점은 화폐 현상을 바라보는 주체의 입장에 따라 다르게 표현되고 의미화되는 방식을 의미한다. 즉, 화폐를 사용하는 주체나 관련된 행위자 입장에서 서술함으로써 화폐의 기능, 가치, 책임 소재 등을 다르게 인지하게 만든다.

- **채무자 관점: "나는 은행에서 만 원을 빌렸다."**
  → 개인적 채무와 그로 인한 책임감을 강조한다.

- **채권자 관점: "나는 그에게 만 원을 빌려줬다."**

  → 채권자의 행위와 자금 제공자의 권리를 강조한다.
- **제3자 관점: "철수는 영희에게 만 원을 빌려줬다."**

  → 중립적으로 상황을 바라보며, 특정 책임보다는 행위 자체를 객관화해서 나타낸다.

위 네 가지 조망 유형은 독립적으로 존재하지 않는다. 실제 언어 사용에서는 긴밀히 상호작용하면서 우리가 화폐라는 대상을 어떻게 이해하고 의미화할지 결정한다. 예컨대 정부나 언론이 경제 위기를 묘사할 때,

(a) 거시적이고 추상적인 조망으로 접근하면 "국가 부채 급증"과 같은 표현이 선택, 정책 결정자들의 책임 소재보다는 경제 전반의 문제로 인식하게 만들 수 있다.

(b) 반면, 미시적이고 구체적인 조망을 선택하면 "서민들의 생활비 부담 증가"와 같은 표현을 통해 개인과 가정의 고통을 부각하고 그에 따른 즉각적 정책 조치를 요구하는 여론을 형성하게 될 것이다.[45]

45 "국가 부채 급증"은 경제 시스템이나 사회 집단이라는 큰 차원을 강조하며, '부채'와 같은 개념적이고 일반적인 용어로 묘사하기 때문에 상세성의 수준이 낮아 추상적이다. 반면, "서민들의 생활비 부담 증가"는 개인과 가정 단위라는 좁은 범위에 초점을 맞추고 있으며, 또한 '생활비'라는 구체적이고 일상적 용어를 통해 개인이 겪는 문제를 강조하기 때문에 '미시적'이면서 동시에 '구체적'이다. 동일한 경제 위기라는 현상도 조망의 유형에 따라 완전히 다른 방식으로 해석되는 모습이다.

이렇듯 조망의 차이는 단순히 표현의 문제를 넘어, 현실 인식과 정책 대응의 방향을 결정하는 인지적 기제로서 의미론적 원리를 설명하는 데 이용될 수 있다. 화폐 연구나 경제정책 분석에서 인지문법의 조망 개념을 이해하는 것이 경제 현실을 분석하는 이론적 프레임으로 기초 설정이 가능한 하나의 이유일 것이다.

11.3. 문법적 장치

인지문법은 문법적 요소 역시 우리가 세상을 인지하는 방식과 관련이 있는 것으로 파악한다. 많은 요소가 있겠지만 일단 그 중에서 격case, 태voice, 범주화categorization를 예로 들어 화폐 개념으로 끌어온다면 아래와 같은 인지 메커니즘을 생각해볼 수 있을 것이다.

(1) 격

문법적 격은 화폐가 주체agent로 인식되는지, 목적을 이루기 위한 수단instrument으로 인식되는지를 우리의 인지 속에서 차별화하여 나타낸다. 예를 들어,

- "돈이 문제를 해결했다"라고 표현할 경우, '돈'은 문장의 주어(주격)로서 스스로 문제를 해결하는 행위자로 인지된다. 이러한 표현 방식은 돈을 독립적이고 힘을 가진 존재로 부각하여, '돈의 힘'이라는 사회적 통념을 무의식적으로 강화하는 효과를 가져온다.

- 반면, “그는 돈으로 문제를 해결했다”라는 표현에서는, 돈이 도구격instrument으로 사용되어 인간이 돈을 통제하고 있다는 점이 강조된다. 이 경우 인간의 능동적 통제력과 책임감이 부각되며, 화폐는 목적을 이루기 위한 도구로 인식하는 경향이 강해진다.

이와 같이 격의 선택은 돈을 사용하는 태도나 행동 양식에 영향을 미칠 수 있다. 주격으로 돈을 표현하면 그것에 대한 수동적인 의존성을 증가시킬 수 있고, 도구격으로 표현하면 돈에 대한 통제감과 능동적 태도를 촉진하게 된다.

(2) 태

문법적 태는 화폐와 관련된 행위를 기술할 때 책임 소재와 주체성을 구성하는 인지적 장치로 작용한다. 예를 들어,

- 능동태active voice 표현, “그는 돈을 투자했다”는 투자한 개인의 적극적이고 의도적인 행동을 강조하며, 투자에 따른 개인의 책임과 주체성을 드러낸다.
- 반면, 수동태passive voice 표현인 “투자가 이루어졌다”는 행위의 주체를 불분명하게 만들고, 투자 과정이 개인의 선택과 무관하게 자연스럽게 발생한 사건처럼 인지하게 만든다. 이로 인해 책임 소재가 불명확해지고 개인의 투자 행위에 대한 책임감과 통제감이 낮아질 가능성이 있다.

따라서 문법적 태의 선택은 경제 활동을 바라보는 관점과 개인이 느끼는 책임감의 수준을 조정할 수 있는 인지적 장치로 작용한다.

(3) 범주화

범주화는 파생derivation에 의한 품사 및 의미 전환을 이루는 현상을 말한다. 여기서는 명사화nominalization를 일례로 들어보자. 명사화는 동적이고 구체적인 행위를 추상적이고 정적인 개념으로 전환시키는 문법적 장치로, 화폐 및 경제 행위를 보다 객관화하고 일반화하여 인지하도록 유도한다. 예를 들어,

- "사람이 투자했다"는 동사 표현은 투자 과정과 행위자의 책임을 부각하지만,
- 명사 표현인 "투자는 수익을 가져올 수 있다"는 행위의 주체와 세부적인 맥락을 배경화하고, 투자라는 추상적인 개념만을 전경화한다. 이러한 명사화 표현은 경제 행위를 개인의 결정과 책임이 동반된 행위보다는 자연스럽고 필연적인 시장 현상으로 인지하게끔 한다. 금융 상품 광고나 경제 뉴스 등에서 "부실 투자로 인해 위기가 발생했다"처럼 명사화된 표현을 사용하면, 투자 행위에 대한 개별 행위자의 책임을 모호하게 만들고, 시장 상황이나 외부 환경 등의 비인격적인 요소에 책임을 전가하는 효과를 가져온다. 인지문법적 관점으로 봤을 때, 명사화를 통해 경제 현상을 지나치게 일반화하거나 비인격화할게 되면, 개인은 자신의 투자 결정에 따른 책임을 명확히 인지하지 못하고 잘못된 결정을 내릴 가능성이 증가할 것이다.

이상에서 살펴본 바와 같이 인지문법은 화폐가 인간의 인지 속에서 주관적으로 경험되는 과정, 나아가 그것이 언어를 통해 사회적으로 협상되는 방식을 의미론적으로 접근한다. 결국, 인지문법은 언어를 통해 머릿속에서 자연스럽게 떠오르는 장면, 즉 인식의 구조와 초점이 어떻게 형성되는지를 인지적으로 시각화visualization하고 도식화schematization하는 언어학 이론이라 하겠다. 이를 통해 익숙함에 가려진 사고의 구조와 그 사회적 의미를 이해하고, 효과적 문제 해결, 실질적 정책 설계의 설명력을 마련할 수 있을 것이다.

12장

디지털 화폐의 은유와 인지

디지털 기술의 발전은 화폐의 형태와 기능은 물론 그 기반이 되는 신뢰 시스템에 근본적인 질문을 제기한다. 암호화폐와 NFT[Non-Fungible Token] 같은 새로운 디지털 자산의 등장은 전통적인 화폐 개념의 경계를 확장하여 새로운 이해 방식과 언어적 표현을 요구하고 있다.

12.1. 암호화폐의 언어: 은유적 차용과 개념적 재구성

암호화폐[cryptocurrency]라는 단어는 전통적 교환 매개 수단을 의미하는 currency에 '숨은, 비밀의'를 뜻하는 접두사[prefix] 'crypt(o)-'가 결합된 형태로서, 그 자체가 암호 기술 기반의 디지털 가치를 기존 화폐 개념에 통합하려는 의도가 반영된 어형성[word formation] 과정이다. 암호화폐 생태계의 핵심 용어들은 기존 세계의 개념을 은유적으로 전용하거나 재맥락화해서 복잡한 기술 구조를 직관적으로 전달하는 언어 전략을 구사한다. 몇 가지 대표적 사례를 보자.

- **채굴(mining)**

  암호화폐 단위를 생성하고 거래를 검증하는 일련의 기술적 과정을 마치 금과 같은 귀금속을 캐내는 행위에 비유한 용어이다. 이는 '화폐는 귀금속/자원이다MONEY IS A PRECIOUS METAL/RESOURCE'라는 전통적 은유를 디지털 환경에 적용한 것으로, 암호화폐에 희소성과 노동에 대한 보상을 부여하려는 의미 작용을 내포한다. 이러한 언어적 프레이밍은 복잡한 알고리즘 과정을 노동으로, 그 산출물을 발견된 자원으로 개념화함으로써, 실질적 사용 가치가 명확하지 않았던 초기 암호화폐에 대한 투자와 참여를 정당화하고 촉진하는 역할을 수행했다.

- **지갑(wallet)**

  암호화폐를 보관하고 관리하는 디지털 주소 또는 프로그램을 지칭하는 용어로, 전통적인 지갑 개념을 은유적으로 전용한 표현이다. 이는 '화폐는 용기에 담는 물건이다MONEY IS AN OBJECT IN A CONTAINER'라는 개념적 은유에 기반하며, 복잡한 기술을 사용자가 친숙하고 구체적인 이미지로 의미구조화하도록 유도한다. 이로써 기술에 대한 심리적 장벽을 낮추고, 암호화폐의 일상적 사용 가능성에 대한 인식을 확산시키는 효과를 갖는다. 그러나 실제로 암호화폐 지갑은 물리적 저장 공간이 아니라 암호키를 안전하게 관리하는 인터페이스이며, 키를 분실할 경우 자산 복구가 불가능하다는 점에서 물리적 지갑과는 본질적으로 다르다. 그렇기 때문에 이러한 은유는 기술적 구조를 간명하게 전달하는 장점이 있는 반면, 시스템의 실제 작동 방식과 위험성에 대한 오해를 불러일으킬 소지도 있다.

- **거래소(exchange), 상장(listing), 시세(market price)**

  전통 금융 시장의 개념을 그대로 전용한 경우이다. 이는 암호화폐를 기존 금융 자산의 연장선상에서 인식하게 하고 투자 자산으로서의 성격을 부각시키는 언어적 효과를 낳는다. 거래소는 중앙화 또는 탈중앙화된 플랫폼에서 암호화폐 간 또는 암호화폐와 법정화폐 간 거래가 이루어지는 장소로, 주식이나 외환 거래소의 개념을 모델로 삼고 있다.[46] 상장은 특정 암호화폐가 해당 플랫폼에서 공식적으로 거래가 가능해지는 절차로, 주식 시장의 상장 과정과 유사하게 이해된다. 시세는 수요와 공급에 따라 실시간으로 결정되는 시장 가격이라는 점에서 전통 금융 자산과 유사한 구조를 보인다. 이러한 언어 사용은 암호화폐를 전통 금융 질서 속에 자연스럽게 통합시키는 인지적 효과를 갖는 동시에, 기존 금융 시스템의 규제 논리를 암호화폐에

46 중앙화 거래소(Centralized Exchange, CEX)는 운영 주체가 존재하며, 사용자 자산과 거래 정보가 중앙 서버를 통해 관리되는 플랫폼이다. Binance, Coinbase, Upbit 등이 이에 해당하며, 빠른 거래 처리 속도와 높은 유동성을 주요 강점으로 갖는다. 그러나 자산이 제3자인 거래소에 의해 보관된다는 점에서, 보안 위협과 함께 규제 리스크가 지속적으로 제기된다. 탈중앙화 거래소(Decentralized Exchange, DEX)는 스마트 컨트랙트를 기반으로 사용자가 개인 지갑을 직접 연결하여 거래하는 방식으로, 중앙 운영 주체 없이 분산 네트워크 상에서 자동으로 거래가 실행된다. 자산의 보관과 통제는 사용자 스스로가 담당하며, 익명성과 탈규제성이 상대적으로 높다. 반면, 유동성 부족, 기술적 진입 장벽, 보안 취약성 등은 단점으로 지적된다. Uniswap, Curve, PancakeSwap 등이 있다.

적용하려는 정책적 정당화의 수단으로 작용한다.

반면, 블록체인blockchain, 분산원장distributed ledger, 스마트 컨트랙트smart contract, DAODecentralized Autonomous Organization(탈중앙화 자율 조직)와 같은 용어들은 기존 용어를 전용하거나 은유적으로 차용하는 수준을 넘어, 기술적 현실에 대한 새로운 언어적 명명과 분류 체계를 창출한 사례에 해당한다. 이러한 신조어들은 새로운 디지털 화폐 생태계의 핵심 개념들을 설명하고 제도화하는 동시에, 그것이 구현하는 사회경제적 질서와 신뢰 구조에 대한 독자적 언어 표현을 정착시키고 있다. 블록체인은 화폐 거래와 데이터 기록의 연쇄적 구조를 시각적·공간적 메타포로 개념화한 표현으로, 화폐를 신뢰 가능한 데이터 구조로 이해하는 틀을 제공한다. 이는 전통 화폐가 국가의 보증을 기반으로 구성된 신뢰 체계에 의존해온 것과 달리, 분산 기술과 암호 수학에 기반한 기술적 신뢰 개념을 부각시킨다. 이처럼 새로운 용어들은 "화폐는 코드다MONEY IS CODE", "화폐는 신뢰 프로토콜이다MONEY IS A TRUST PROTOCOL"와 같은 은유적 확장을 통해, 디지털 시대에 재구성되는 화폐의 의미론적 지형을 반영한다. 나아가 스마트 컨트랙트나 DAO와 같은 개념은 거래 및 조직 운영에서 인간 중개자의 역할을 제거하고, 알고리즘에 의해 자동화된 규범적 행위를 가능하게 한다는 점에서 전통 화폐가 지녔던 법적·제도적 상징성에 대한 언어적 도전을 제기한다. 이 과정에서 기존의 화폐 담론이 공유하던 은유 체계, 예컨대 화폐는 실체이다MONEY IS A SUBSTANCE, 화폐는 수단이다MONEY IS A TOOL 등의 틀은 부분적으로 해체되며, 새로운 개념적 은유들이 그 자리를 대체하게 된다.

요컨대, 블록체인 기반 화폐 시스템에서 나타나는 언어적 변화는 단지 명칭의 변화가 아니라, 화폐의 존재론적 위상과 기능에 대한 인식 전환을 유도하며, 이는 곧 화폐를 둘러싼 인지적 구성과 사회적 실재 구성의 새로운 국면을 보여준다. 이러한 점에서 디지털 화폐에 관한 용어들은 새로운 화폐 세계를 창조하고 정당화하는 언어적 구성물로 이해될 수 있으며, 따라서 인지언어학과 사회언어학 등의 분석 대상이 된다.

12.2. NFT의 언어: 고유성과 소유의 디지털적 재정의

NFT는 대체 불가능한 토큰Non-Fungible Token이라는 그 명칭에서부터 언어적, 개념적 특징이 잘 드러난다.

- **대체 불가능성(non-fungibility)**
  대체 불가능성은 각 토큰이 고유한 식별 값을 가져 서로 동일한 가치로 교환될 수 없음을 의미한다. 이는 1만 원권 지폐가 다른 1만 원권 지폐와 동일한 가치를 지녀 서로 교환 가능한 전통 화폐의 대체 가능성fungibility과는 정면으로 배치된다. 대체 불가능성 개념은 디지털 파일이 무한 복제 가능하다는 종래의 통념을 깨고 디지털 세계에도 원본성, 유일성, 그리고 이로 인해 얻어지는 개별 소유권이라는 개념을 언어적으로 확립하려는 시도이다. 이를 통해 그림, 영상, 음악 등 다양한 디지털 창작물이 마치 고유한 미술품처럼 거래될 수 있는 새로운 시장의 가능성을 열었다.
- **토큰(token)**
  이 용어는 특정 가치, 권리, 또는 자격을 나타내는 표시나 증표라는 광범위한 의미를 지닌다. NFT는 이 토큰의 개념을 디지털 자산의 소유권 증명 수단으로 특화시켜 사용한다. 즉, NFT는 그 자체가 디지털 창작물이라기보다는 해당 창작물에 대한 소유권이나 특정 권리를 블록체인 상에 기록한 디지털 인증서에 해당한다. 이처럼 토큰이라는 언어적 프레임과 그 기술적 구현은 이전에는 존재하지 않았던 디지털 대상에 대한 배타적 소유권이라는 새로운 사회적 실재를 창출한다.[47]

- **민팅(minting), 에어드롭(airdrop), 플로어 프라이스(floor price)**

  민팅은 새로운 NFT를 주조한다는 의미로 디지털 창작 행위에 전통적인 화폐 제조의 이미지를 은유적으로 덧씌운다. 에어드롭은 본래 암호화폐, 특히 새로운 알트코인 프로젝트에서 마케팅 및 커뮤니티 활성화 수단으로 활용되던 방식으로, 특정 조건을 만족하는 사용자에게 NFT나 관련 토큰을 무상으로 배포하는 것을 의미한다. 플로어 프라이스는 특정 NFT 컬렉션 내에서 거래되는 가장 낮은 가격을 지칭하며 해당 컬렉션의 최소 가치에 대한 시장 참여자들의 암묵적 합

47 토큰이라는 용어는 언어학과 블록체인 기술에서 함께 등장하는데, 두 분야에서의 의미는 우연한 용어의 중복이 아닌 기호적 사유의 공통 기반에 근거하고 있다. 언어학에서 토큰은 일정한 '타입(type)'의 언어 단위가 실제 문맥 속에서 구체적으로 실현된 사례를 뜻하며, 말뭉치 분석에서 "word type"과 "word token"의 구분으로 널리 사용된다. 반면, 암호화폐·블록체인 맥락에서의 토큰은 화폐적 가치, 소유권, 권리 등의 추상 개념을 기술적으로 구현한 기호 단위를 의미한다. 이에 따라 NFT는 자산에 대한 고유한 소유권이나 권리를 표상하는 블록체인상의 기호적 증표가 되는 것이다. 이처럼 양쪽의 토큰은 "무언가를 대신하여 나타내는 기호적 실현물"이라는 공통된 속성을 지니며, 결국 언어와 화폐 모두 기호를 통해 사회적 현실을 구성하는 체계라는 점에서 개념적 유사성을 갖는다.

의를 반영하는 지표이다. 이러한 용어들은 NFT 생태계 참여자들 사이의 소통 효율성을 높이고 내부적 유대감을 강화하지만, 외부인에게는 해당 분야의 전문성과 폐쇄성으로 인해 진입 장벽으로 작용하기도 한다. 특정 집단의 언어가 공동체의 경계를 설정하고 내부 정체성을 공고히 하는 사회언어학적 기능이라 하겠다.

디지털 자산의 등장은 화폐를 둘러싼 인식 체계와 언어적 구조를 새롭게 재편하고 있다. 채굴, 지갑, 토큰, 민팅과 같은 표현은 화폐를 특정 방식으로 상상하고 이해하게 만드는 인지적 틀인 동시에 새로운 사회적 실재를 구성하는 언어적 장치다. 이와 같은 언어적 프레이밍은 디지털 화폐가 아직 제도적으로 안정되지 않은 상황에서 그 가치를 설명하고 정당화할 뿐 아니라 사용자 집단의 정체성을 형성하는 데 있어 일정한 역할을 담당한다.

디지털 시대의 화폐는 더 이상 실체에 기반한 '것'이라기보다는, 은유와 명명, 분류와 내러티브를 통해 의미를 획득하고 정당성을 부여받는 하나의 언어적 '사건'으로 이해될 수 있다. 이로써 우리는 화폐를 언어와 인지가 공동으로 구성한 사회문화적 산물로 재인식하게 된다. 화폐의 언어학이 제시하는 근본적 통찰이 바로 여기에 있다. 즉, 화폐를 어떻게 부르느냐는 단순한 명명의 문제가 아닌, 우리가 어떤 질서와 가치를 현실로 받아들이느냐에 대한 문제인 것이다.

12.3. 모빅과 디지털 화폐의 은유

앞서 살펴본 디지털 화폐 관련 용어는 커뮤니티 내 사회적 관계와 정체성 형성에 영향을 미친다. 이러한 현상을 실증적으로 보여주는 국내 사례로 '모빅 프로젝트'를 들 수 있다. 모빅은 2019년 오태민[48]이 창시한 암호화폐로 비트코인 블록체인에서 하드포크되어 탄생하였다. '모빅Mobick'이라는 명칭은 '모바일mobile'의 이동성과 '모비딕Moby-Dick'의 상징성을 결합하여, 자유로운 이동, 도전 정신, 그리고 커뮤니티의 모험적 가치를 담고 있다고 한다.

모빅 생태계는 '참여형 에어드롭'으로 시작되었다. 관악산, 대전, 제주, 로스앤젤레스, 시드니 등 다양한 장소에서 등산, 하이킹, 오프라인 이벤트 등 신체적 활동에 참여한 이들에게 암호화폐를 배포하는 방식으로 이루어졌다. 이러한 접근은 기존의 채굴mining이나 주조minting 같은 화폐 생산 은유를 물리적·사회적 경험으로 재해석한 것이다. 이 과정에서 화폐는 단순 디지털 데이터가 아닌, 노동, 시간, 이동, 만남이라는 실체적 경험에 대한 은유적 기입을 통해 사회적 가치와 신뢰를 획득하게 된다. 이처럼 모빅 커뮤니티의 사례는 디지털 화폐가 기존의 은유와 언어적 관습을 재해석하며 사용자들의 집단적 경험과 사회적 실재로 자리 잡는 과정을 보여준다. 화폐를 둘러싼 추상적 개념은 커뮤니티 내 상호작용과 실천을 통해 구체화되며, 이러한 언어

48 오태민(한양대학교 비트코인화폐철학과 겸임교수)은 블록체인과 암호화폐의 사회적 의의 및 신뢰 메커니즘을 알리는 데 힘써온 학자이다. 그는 공공재로서의 디지털 자산, 분배 정의, 참여적 기술 공동체의 가능성에 대해 꾸준히 문제의식을 제기해왔으며, 비트코인 초기 국내 도입 시기부터 자문, 칼럼, 행사 기획 등 실무와 대중 교육 양면에서 활동했다.

적·개념적 틀은 다시 집단 정체성과 문화를 형성하는 구조적 연결 고리를 만들었다. 그런 점에서 모빅은 디지털 화폐가 사회·문화적 현상으로 작동할 수 있음을 실증적으로 입증한 사례로 평가받을 만하다.

13장

화폐 의미의 다층성과 인지적 기반

지금까지 Part III의 논의를 통해 화폐의 의미가 인간의 인지 과정과 사회문화적 맥락 안에서 다층적으로 구성되는 복합적인 현상임을 보았다. 13장에서는 이러한 화폐 의미의 다층성과 그 인지적 토대를 개념의미론과 인지화용론의 주요 개념을 적용하여 고찰해본다.

13.1. 화폐의 개념 구조: 개념의미론적 접근

개념의미론Conceptual Semantics은 언어 표현의 의미를 인간의 마음속에 있는 개념 구조conceptual structure와 연결하여 설명하려는 의미론의 한 분야이다. 레이 잭켄도프Ray Jackendoff 등에 의해 발전된 이 이론은 우리가 단어나 문장의 의미를 이해하는 것이 곧 해당 언어 표현에 대응하는 정교한 개념적 표상을 마음속으로 구축하는 과정이라고 본다. 우리의 논의와 관련하자면, 화폐라는 추상적 대상이 구체적인 의미 내용과 어떻게 연결되는지, 화폐 관련 어휘들의 의미 차이나 화폐 사용 행위가 마음속 개념 구조와 어떤 방식으로 연관되는지 등을 설명하는 데 적용될 수 있다.

(1) 화폐 어휘의 개념 구조

돈과 관련된 다양한 단어들, 예컨대 '벌다', '쓰다', '투자하다' 등을 사용할 때, 우리는 각 단어가 지닌 의미 차이를 직관적으로 이해한다. 개념의미론의 어휘 개념 구조Lexical Conceptual Structure, LCS 분석은 이러한 직관 이면에 있는, 각 단어가 표상하는 사건의 핵심 뼈대와 참여자들의 역할을 드러낸다. LCS 분석은 마음 속에서 돈과 관련된 행위를 개념화하는 방식을 명시적으로 보여주는 것이다.

예를 들어보자. '돈을 벌다'라는 표현의 어휘 개념 구조는 [행위자(X)가 특정 활동(Y)을 통해 결과적으로 돈(Z)을 소유하게 되다]로 분석할 수 있다. 여기서 X는 돈을 버는 주체, Y는 노동이나 사업 등 그 수단이 되는 활동, Z는 획득된 금전을 나타낸다. LCS 분석은, 가령, 우리가 왜 '땀 흘려 번 돈'과 '쉽게 번 돈'에 대해 서로 다른 가치를 부여하는지에 대한 인지적 설명을 제공한다. 그것은 '벌다'라는 단어 자체가 이미 '노력'이나 '정당한 활동'(Y의 성격)을 그 의미 구조에 포함하도록 개념화(전제)되어 있기 때문이다.

계속해서, '돈을 쓰다'와 '돈을 투자하다'의 LCS를 비교해보자. '돈을 쓰다'는 [행위자(X)가 돈(Y)을 지불하고 그 대가로 상품이나 서비스(Z)를 얻다]의 구조로, 돈(Y)은 현재의 교환 수단으로 사용되고 즉각적으로 소모되는 측면이 부각된다. 반면, '돈을 투자하다'는 [행위자(X)가 현재의 돈(Y)을 미래의 더 큰 가치(Z)를 위해 특정 대상(W)에 투입하다]의 구조로, 돈(Y)은 당장의 소모가 아니라 미래의 증식을 위한 밑천으로 개념화된다. 이처럼 LCS 분석은 두 단어가 돈의 역할, 시간적 관점, 기대 결과에 대해 근본적으로 다른 "인지적 그림"을 그리고 있음을 보여줌으로써, 심층적인 개념 구조의 차이를 드러낸다.

또한, 종국에 돈을 얻게 되는 공통 결과의 '벌다', '따다', '줍다' 같은 어휘들도 LCS 분석을 통해 그 의미 차이의 근원을 밝힐 수 있다. 그것은 돈을 얻는 과정, 즉 [특정 활동(Y)] 부분의 "의미 자질semantic feature"이 현저히 다른 것에 기인한다.[49] '벌다'는 '노력이나 합법적 경제 활동', '따다'는 '운이나 경쟁에서의 승리', '줍다'는 '우연한 발견'을 그 과정으로 상정한다. LCS 분석은 이러한 개념 구조상의 차이를 이용해 우리가 왜 이 단어들에 대해 각각 다른 사회적, 윤리적 평가를 내려왔는지 설명한다. "그는 복권으르 돈을 벌었다"보다 "그는 복권으로 돈을 따다"가 더 자연스러운 이유는, '복권'이라는 수단이 '벌다'의 LCS에 내포된 의미 자질과 잘 부합하지 않기 때문이며, 이는 언어가 사회적 가치판단을 반영하고 있음을 보여준다.

49 의미 자질은 단어의 의미를 구성하는 최소 의미 단위로서, [+노력], [+우연], [+보상]과 같이 이진적(binary) 형식으로 표현되며, 어휘 간 의미 차이를 분석하는 데 사용된다. 예컨대 '돈을 벌다', '따다', '줍다'는 모두 결과적으로 화폐를 얻는 행위를 나타내지만, 그 과정(Y)의 의미 자질은 각각 [+노력], [+운], [+우연]과 같이 상이하여, 사회적·윤리적 평가의 차이를 야기한다. 이러한 분석은 디지털 화폐의 용어에도 적용 가능하다. '채굴(mining)'은 [+노동], [+희소성], [+보상], '에어드롭(airdrop)'은 [+무상], [+운], [+랜덤성]의 자질을 지니는 등, 디지털 화폐 용어의 인지적·사회적 수용 방식 역시 의미 자질의 조합을 통해 설명할 수 있다. 이처럼 의미 자질은 단어의 개념 구조를 해부하여 언어가 어떻게 특정 화폐 행위를 인식하고 정당화하는지를 보여주는 분석 도구로 활용 가능하다.

(2) 화폐 개념의 존재론적 범주화(Ontological Categorization)

개념의미론은 우리가 세계를 인식할 때 사물THING, 장소PLACE, 경로PATH, 사건EVENT, 상태STATE, 속성PROPERTY 등과 같은 기본적인 존재론적 범주를 사용한다고 본다. 화폐 역시 이러한 범주화를 통해 개념화될 수 있다.

- **화폐는 사물(THING)이다**
  "돈이 많다/적다", "돈을 세다", "돈을 주머니에 넣다"와 같은 표현은 돈을 구체적인 물리적 대상처럼 취급한다. 이는 화폐의 물질적 형태(지폐, 동전)에 기반한 가장 기본적인 개념화 방식이다.
- **화폐는 장소(PLACE) 또는 영역(DOMAIN)이다**
  "돈 문제에 빠지다"(추상적 문제 상황으로의 진입), "자본 시장capital market"(화폐가 거래되는 시스템적 영역), "금융계financial world"(관련 전문가 및 기관들이 활동하는 추상적 공간)와 같은 표현은 화폐가 특정 공간이나 시스템(영역)으로 개념화됨을 시사한다.
- **화폐는 가치(VALUE) 또는 속성(PROPERTY)이다**
  "이 물건은 돈 가치가 있다", "그는 돈 욕심이 많다"와 같은 표현은 돈을 특정 대상이나 사람의 속성으로 간주한다. 이는 화폐가 교환 매개를 넘어 추상적인 가치 그 자체를 표상함을 보여준다.

화폐를 어떤 존재론적 범주로 인식해서 언어적으로 표현하느냐는 우리의 화폐에 대한 근본적인 사고방식과 상호작용 방식에 영향을 미친다. 화폐를 단순한 사물THING로만 개념화할 경우, 교환의 도구적 측면은 부각되지만 그것이 지닌 복잡한 사회적 신뢰 관계나 상징적 의미는 간과될 수 있다. 반대로 화폐를 추상적인 가치VALUE 그 자체로만 동일시하면, 화폐의 물질적 기반이나 발행 주체의 역할, 그리고 그것이 현실 경제에서 겪는 제약(예: 인플레이션)을 간과할 위험이 있다. '자본 시장'처럼 화폐를 영역DOMAIN으로 이해하는 것은 우리가 금융 시스템의 작동 원리를 파악하고 그 안에서 합리적인 의사결정을 내리는 데 도움을 주지만, 동시에 이 영역을 지나치게 신비화하거나 전문가에게만 의존하도록 만들 수 있다. 그러므로 다양한 존재론적 범주화를 교차하여 이해하는 것이 화폐의 다면성을 균형 있게 파악하는 데 있어 중요할 것이다.[50]

50 인지문법(11장)과 개념의미론(13장)은 처음 접하는 이들에게는 표면적으로 유사해 보일 수 있다. 두 이론 모두 인지언어학의 하위 범주에 속하며, "의미는 인간의 인지 구조에서 비롯된다"는 전제를 공유하기 때문이다. 그러나 이들은 분석의 초점과 방법론에서 분명한 차이를 보인다. 인지문법은 "언어 표현은 어떻게 세계를 인식하고 구성하는가?"라는 질문을 중심으로 조망, 상징성, 문법적 구조 등 화자의 인지적 관점을 반영하는 방식에 주목한다. 반면, 개념의미론은 "어휘는 어떤 개념 틀을 통해 의미를 드러내는가?"라는 질문 아래, LCS를 통해 단어나 표현이 사건 구조를 어떻게 조직하는지를 분석한다. 이러한 차이는 동일한 개념을 분석할 때 뚜렷하게 드러난다. 예를 들어 '돈을 쓰다'와 '돈을 벌다' 같은 표현을 분석할 때, 인지문법은 해당 표현이 어떤 정보를 부각(전경화)하고 무엇을 배경화하는지를 조망의 관점에서 살펴본다. 반면, 개념의미론은 이러한 표현이 각각 어떤 개념적 사건 틀을 내포하고 있으며, 참여자 구조나 결과 상태가 어떻게 설정되는지를 LCS 분석을 통해 드러낸다.

13.2. 화폐 의미의 맥락적 구성: 인지화용론적 접근

인지화용론Cognitive Pragmatics은 언어 의미가 언어 내적 요소에 의해서만 결정되는 것이 아니라, 화자와 청자 간의 상호작용, 발화가 이루어지는 구체적인 맥락, 그리고 사회문화적 배경지식 등 다양한 화용론적 요인들로 구성된다고 본다. 이는 화폐의 의미 역시 고정불변의 것이 아니라, 그것이 사용되는 구체적인 상황과 참여자들의 의도 및 해석에 따라 유동적으로 변화할 수 있음을 시사한다.[51]

(1) 화폐 관련 발화의 적정성

스퍼버Dan Sperber와 윌슨Deirdre Wilson의 적정성 이론Relevance Theory에 따르면, 인간의 의사소통은 최소의 노력으로 최대의 인지 효과를 얻으려는 적정성의 원리에 의해 지배된다. 화폐와 관련된 대화나 담론 역시 이러한 적정성의 원리

51 고전 화용론은 언어 사용에서 준수되어야 할 사회적 규범이나 원칙, 가령 그라이스(Grice)의 협력 원리나 리치(Leech)의 공손성 원리 등을 분석의 중심에 둔다. 즉, 발화의 의미는 화자의 의도와 그것이 부합해야 할 사회적 약호(code)의 교차점에서 이해된다. 이에 반해 인지화용론은 이러한 규범 자체보다, 화자의 발화가 청자의 인지 시스템 안에서 어떻게 의미 있는 정보로 처리되는지, 즉 '청자의 추론 과정'을 탐구의 핵심으로 삼는다. 이 접근법은 제한된 인지 자원을 가진 인간이 어떻게 최소한의 노력으로 최적의 의미를 효율적으로 추론해내는지를 설명하며, 이 과정에서 맥락, 배경지식, 개인의 인지적 특성이 해석에 미치는 결정적 영향을 분석한다. 요컨대, 인지화용론은 발화가 어떻게 해석되어야 '최적의 인지 효과(optimal cognitive effect)'를 낳는지를 중심 질문으로 삼고, 언어 수용자의 실제적인 이해와 반응에 주목한다는 점에서 고전 화용론에 비해 수용자 중심적인 패러다임을 제시한다고 할 수 있다.

를 따른다.

- 친구에게 "나 돈 없어"라고 말할 때, 이 발화는 단순히 '현재 소지한 현금이 없다'는 문자적 의미를 넘어, '그래서 오늘 저녁은 네가 사야 한다' 또는 '지금은 돈을 빌려줄 수 없다'와 같은 다양한 함축적 의미를 전달할 수 있다. 이때 청자는 주어진 맥락(친구와의 관계, 이전 대화 내용, 현재 상황 등) 속에서 가장 적절하고 인지적으로 효율적인 해석을 추론하게 된다.
- 경제 뉴스에서 "금리가 인상될 가능성이 높습니다"라는 전문가의 발언은 단순히 미래 예측을 넘어, "그러므로 지금 대출을 받거나 투자를 하는 것은 신중해야 합니다"라는 행동 지침을 함축한다.

(2) 화폐에 대한 마음 이론과 공통기반

성공적인 화폐 거래나 금융 관련 의사소통은 참여자들이 상대방의 의도, 믿음, 지식 상태 등을 추론하는 능력, 즉 '마음 이론Theory of Mind'을 활용하고, 서로 공유하고 있는 지식이나 가정인 '공통기반Common Ground'을 적극적으로 활용할 때 가능하다.

- 중고 물품을 거래할 때 판매자는 구매자의 가격 민감도나 제품에 대한 지식 수준을 어림짐작하여 가격을 제시하고 제품을 설명한다. 구매자 역시 판매자의 판매 의도나 제품 상태에 대한 신뢰도를 평가하며 협상에 임한다.

- 금융 상품 광고는 소비자의 노후 불안감을 미리 인지하고(마음 이론적 추론), '안정적인 미래 설계'라는 메시지와 함께 자사 상품이 이러한 불안을 해소하고 목표 달성을 도울 수 있음을 강조함으로써 소비자의 심리적 공통기반을 적극 활용한다.

(3) 화폐 담론과 프레이밍 효과

동일한 화폐 관련 정보라도 어떤 언어적 틀을 통해 제시되느냐에 따라 사람들의 인식과 의사결정은 달라질 수 있다. 이는 인지심리학에서 말하는 '프레이밍 효과Framing Effect'와 관련된다.

- **금융 상품 프레이밍**
  - 긍정적 프레임: "연 10% 확정 수익 제공!" (수익 강조, 안정성 부각)
  - 현실적 프레임: "최대 연 10% 기대 수익" (시장 상황에 따라 변동 가능, 원금 손실 위험 포함, 잠재적 위험 명시, 투자자 주의 환기)

  이 두 표현은 동일한 상품에 대한 투자 결정을 다르게 유도할 수 있다.
- **경제 정책 프레이밍**
  - 긍정적 프레임: "고용률 95% 달성, 안정적 경제 기반 유지" (긍정적 성과 부각, 정책 지지 유도)
  - 부정적 프레임: "실업률 5%로 급증, 경제 위기 심화" (위기감 조성, 현 정책 비판 가능성)

화폐와 관련된 담론은 중립적이지 않으며, 정보를 전달하는 주체의 특정 관점이나 이해관계를 반영하는 언어적 프레임을 통해 구성되는 경우가 많다. 프레이밍을 정확히 인식하여 이면의 의도와 권력 관계를 파악하는 것은 정보 해석 및 의사 결정에 요구되는 인지화용론적 능력이다.

개념의미론과 인지화용론에 기반한 이상 13장의 화폐 의미 분석은, 10장에서 개념적 은유 이론이 제공한 이해를 보다 정교하게 하는 효과가 있다. 개념적 은유가 화폐라는 추상적 대상을 이해하는 큰 그림을 제시했다면, 개념의미론은 화폐 관련 어휘의 섬세한 의미 구조를, 인지화용론은 이 의미가 실제 소통 맥락에서 어떻게 움직이는지를 보여준 것이라 할 수 있겠다. 이처럼 화폐의 언어학적 접근은 '돈이 우리에게 말을 거는 방식'이 결코 단선적이거나 고정된 것이 아님을 분명히 드러낸다. 화폐의 언어는 우리의 인지적 틀, 사회적 상호작용, 그리고 끊임없는 해석 과정을 통해 다층적으로 구성되고 재창조되는 역동적인 현상인 것이다.

Part III. 요약 및 과제

| 요약 |

화폐의 의미는 인간의 인지 과정과 사회문화적 맥락 속에서 다층적으로 구성되는 복합적 현상이다. 화폐는 액체, 자원, 힘/권력, 음식/영양분, 시간 등 다양한 개념적 은유를 통해 추상적 개념이 구체적 경험 영역으로 이해되며, 이는 화폐에 대한 인식과 가치판단, 행동 양식에 깊은 영향을 미친다. 인지문법에서는 언어 표현의 상징성과 조망, 문법적 장치(격, 태, 범주화 등)가 화폐 개념화에 작용하여, 화폐의 역할과 책임, 의미가 맥락에 따라 달리 해석된다. 개념의미론은 화폐 관련 어휘와 행위(벌다, 쓰다, 투자하다 등)의 의미 구조를 분석해 각 단어가 내포한 인지적·사회적 가치 차이를 설명하고, 존재론적 범주화는 화폐를 사물, 장소, 가치 등 다양한 범주로 인식하게 한다. 인지화용론은 화폐 의미가 맥락과 상호작용, 사회문화적 배경에 따라 유동적으로 구성됨을 강조하며, 프레이밍 효과는 동일한 정보라도 언어적 틀에 따라 인식과 의사결정이 달라질 수 있음을 보여준다. 요컨대, 화폐는 인간의 인지와 사회문화적 상호작용이 교차하는 현상이라 하겠다.

| 토론 |

1. 일상생활에서 돈과 관련하여 자주 사용되는 비유적 표현(예: "돈벼락 맞다", "돈이 전부가 아니다", "돈을 물 쓰듯 하다")을 찾아보고, 각 표현이 어떤 개념적 은유에 기반하고 있으며, 화폐에 대한 어떤 관점이나 가치판단을 드러내는지 토론해 보시오.
2. 인지문법의 조망 개념을 활용하여, 최근의 특정 경제 뉴스 기사(예: 부동산 정책, 주식 시장 변동, 가계 부채 문제 등)가 동일한 사안에 대해 언론사나 전문가에 의해 어떻게 다르게 표현되는지 비교 분석하고, 그 차이가 독자나 대중의 인식에 어떤 영향을 미칠 수 있는지 토론해 보시오.
3. 암호화폐나 NFT와 같은 디지털 자산에 대해 자신이 가지고 있는 생각이나 주변 사람들의 이야기를 바탕으로, 이러한 새로운 자산들이 어떤 새로운 은유를 통해 이해되고 있는지, 그리고 이러한 은유가 해당 자산의 가치나 위험성에 대한 인식에 어떤 영향을 미치는지 토론해 보시오.
4. 프레이밍 효과의 예시를 금융 상품 광고나 경제 정책 홍보물에서 찾아보고, 해당 프레임이 소비자의 의사결정이나 정책 수용에 어떤 영향을 미치도록 의도되었다고 생각하는지, 그리고 이에 대해 비판적으로 생각해 볼 지점은 무엇인지 토론해 보시오.

| 탐구 |

1. 한국어 외에 자신이 알고 있는 다른 언어에서 사용되는 화폐 관련 은유적 표현들을 조사하고, 한국어의 화폐 은유와 비교하여 문화권에 따른 화폐 인식의 공통점과 차이점을 분석하여 보고서를 작성하시오.
2. 인플레이션, 디플레이션, 양적완화, 금리 등과 같은 주요 경제 용어 중 하나를 선택하여, 해당 용어가 어떤 어휘 개념 구조[LCS]를 가지며, 미디어나 담론에서 어떤 존재론적 범주로 개념화되고 있는지, 그리고 이러한 개념화가 해당 경제 현상에 대한 우리의 이해에 어떤 영향을 미치는지 심층적으로 조사하고 분석하시오.
3. 암호화폐나 NFT 커뮤니티에서 사용되는 독특한 용어, 은어, 밈을 수집하고, 이러한 언어 사용이 해당 커뮤니티의 정체성 형성과 내부 결속, 그리고 외부 세계와의 소통에 어떤 역할을 하는지 사회언어학적 관점 또는 인지언어학적 관점을 결합하여 분석하시오.
4. Starting from your own questions or doubts about money, (1) select one paper in the field of cognitive linguistics that you consider most relevant, and (2) use it as a theoretical framework to conduct your analysis and develop your discussion. (See Appendix Sample 3.)

"화폐는 언어다."

결론이다. 낯설 것이고, 또 진심으로 믿는다 하면 더욱 기이하게 들릴 것이다. 하지만 수사적 장치도, 철학적 장난도 아니다. 그것은 인간으로서 우리가 지닌 능력, 서로 다른 영역을 넘나들며 하나의 의미를 빌려 또 다른 세계를 조망할 수 있는 그 특이한 능력에 대한 성찰일 뿐이다. 우리는 하나의 세계에만 고정될 수 없다. 구체의 삶을 살면서도 추상을 향하고, 단편의 말로도 보편을 갈망한다. 화폐를 언어처럼 사고하고, 분석하고, 의심하고, 번역하고, 구성할 수 있다는 사실은, 우리가 세계와 세계, 아니 우주를 다른 우주에 연결할 수 있는 존재임을 보여준다.

그 능력으로, '화폐가 언어다'라는 메타포를 잠시 받아들여보면, 언어의 본질을 화폐가 그대로 지니고 있음을 금세 알게 된다.

- 언어가 그러하듯, 화폐도 변한다. 시간과 함께 진화하고, 문화에 따

라 적응하며, 사용자의 손끝에서 구부러지고, 그것을 쓰는 이들의 흔적을 품는다. 고정되어 있지 않고 중립적이지도 않다.

- 언어는 신뢰에서 탄생한다. 화폐 또한 마찬가지다. 듣는 이 없이 어떤 말도 의미를 지니지 못하듯, 공동체의 합의된 가치 없이 기능할 수 있는 통화란 애초에 없다. 말은 아무도 하지 않을 때 사라지고, 돈은 아무도 사용하지 않을 때 자취를 감춘다.
- 완전히 같은 뜻을 가진 두 단어가 존재하지 않듯, 완전히 대체 가능한 두 화폐 또한 존재하지 않는다. 각 화폐는 저마다의 역사와 약속, 공동체의 기억과 제도를 품고 있다. 그것은 가치의 방언이며, 특정 억양의 언어이다.
- 새로운 환경은 새로운 언어를 낳는다. 암호화폐의 등장은 기술적 예외가 아니라, 새로운 조건이 새로운 언어를 요청한 결과이다. 새로운 방언으로서 그것은 기존 언어 사이에서 스스로의 문법을 정당화하여 자리를 찾아갈 것이다. 분명해 보인다.
- 언어가 필요 없을 때도 있다. 말이 멈추는 순간이다. 완전한 사랑의 교감에 이를 때, 눈빛 하나로 모든 뜻이 전달될 때, 압도적인 아름다움이 말 자체를 무력하게 만들 때… 그런 순간엔 말할 수 없어서가 아니라, 말 같은 게 필요하지 않기 때문이다. 화폐에도 그런 순간이 있다면, 그것은 가치의 이전이 아닌 가치의 완전한 공유를 통해 서로를 이해하는 상태일 것이다. 당장은 먼 일로 보인다.

이 책에서 다룬 이야기는 각 분야의 대가들이 평생을 쌓아 올린 탑의 기초부에서, 그것도 극히 일부만을 빌려온 것들이다. 따라서 각 장은 절대 하나의 종합일 수 없으며, 더 넓고 깊은 정신들에 대한 화살표 정도에 불과하다. 이런 배려(?)로, 참고문헌을 신중하게, 때로는 주저하며, 추려 담았다. 원전을 찾고자 하는 충동을 일으켰다면, 그것 만으로도 이 책은 제 할 일을 다한 것이다.

약간의 불안을 고백하지 않을 수 없다. 화폐의 세계에 언어학을 불러들이는 일은 오해를 부르기 마련인 까닭이다. 그럼에도 이런 '영역 간 횡보'는 해볼 가치가 있으며, 급기야는 필요한 일이라 믿고 싶다.

화폐는 언어다. 그리고 모든 언어처럼, 드러내고, 감추며, 세우고, 무너뜨리고, 열고, 묶는다. 그 문법을 배운다는 것은 시장과 제도를 이해하는 일을 넘어 우리를 온전히 이해하는 일이다. 조금 더 조용히 듣고, 조금 더 정직하게 말하며, 어쩌면 전혀 다른 방식으로 이 세계를 다시 상상하려는 이들에게 보낸 작은 초대였기를 바란다.

참고문헌

Austin, J. L. (1962). *How to do things with words*. Oxford: Clarendon Press.

Bara, Bruno G. *Cognitive Pragmatics: The Mental Processes of Communication*. Cambridge, MA: MIT Press, 2010.

Brown, P., & Levinson, S. C. (1987). *Politeness: Some universals in language usage*. Cambridge: Cambridge University Press.

Dodd, N. (2014). *The social life of money*. Princeton University Press.

Grice, H. P. (1975). Logic and conversation. In P. Cole & J. L. Morgan (Eds.), *Syntax and semantics: Vol. 3. Speech acts* (pp. 41–58). New York: Academic Press.

Jackendoff, R. (1983). *Semantics and cognition*. Cambridge, MA: MIT Press.

Jackendoff, R. (1990). *Semantic structures*. Cambridge, MA: MIT Press.

Lakoff, G., & Johnson, M. (1980). *Metaphors we live by*. Chicago: University of Chicago Press.

Lakoff, G., & Johnson, M. (1999). *Philosophy in the flesh: The embodied mind and its challenge to Western thought*. Basic Books.

Langacker, R. W. (1987). *Foundations of cognitive grammar: Vol. I. Theoretical prerequisites*. Stanford, CA: Stanford University Press.

Langacker, R. W. (1991). *Foundations of cognitive grammar: Vol. II. Descriptive application*. Stanford, CA: Stanford University Press.

Langacker, R. W. (2008). *Cognitive grammar: A basic introduction*. Oxford: Oxford University Press.

Leech, Geoffrey N. *Principles of Pragmatics*. London: Longman, 1983.

Mauss, M. (2002). *The gift: The form and reason for exchange in archaic societies* (W. D. Halls, Trans.). Routledge.

Saussure, F. de. (1983). *Course in general linguistics* (R. Harris, Trans.). London: Duckworth. (Original work published 1916)

Searle, J. R. (1995). *The construction of social reality*. New York: Free Press.

Searle, J. R. (2010). *Making the social world: The structure of human civilization*. Oxford: Oxford University Press.

Simmel, G. (2004). *The philosophy of money* (D. Frisby, Trans.; 3rd enlarged ed.). London: Routledge. (Original work published 1900; revised edition 1907)

Sperber, D., & Wilson, D. (1995). *Relevance: Communication and cognition* (2nd ed.). Oxford: Blackwell. (Original work published 1986)

Wittgenstein, L. (1953). *Philosophical investigations* (G. E. M. Anscombe, Trans.). Oxford: Basil Blackwell.

Wittgenstein, L. (1961). *Tractatus Logico-Philosophicus* (D. F. Pears & B. F. McGuinness, Trans.). London: Routledge & Kegan Paul. (Original work published 1921)

Zelizer, V. A. (1994). *The social meaning of money: Pin money, paychecks, poor relief, and other currencies*. New York: Basic Books.

부록

: 과제(보고서) 예시

〈예시 1〉

화폐 명칭의 기호학적 변천에 대한 형태론적 분석 보고서

학과 : 언어학과

성명 : 김언어

1. 전통 화폐 명칭의 형태론

산업혁명 이전의 전통 화폐 명칭은 '동기화된 기호motivated sign'의 성격이 강했다. 이는 소쉬르가 말한 기표(발음·형태)와 기의(의미·지시 대상)의 자의성에도 불구하고, 금속 재질·무게·주조 형태·유통 지역 등 구체적이고 측정 가능한 물리적 현실world of matter에 의해 그 연결이 강화된 상태를 의미한다. 이러한 명칭은 주화의 모양이나 재질, 혹은 발행지와 같은 실체적 속성을 직접 반영하며, 화폐의 가치와 신뢰를 언어로 증명하는 역할을 했다. 이에 전통 화폐 명칭의 형태론적 조어 원리를 모양과 재료, 무게와 품질, 지리·정치적 기원의 세 범주로 나누어 실물 경제와 언어 체계의 밀접한 관계를 분석한다.

1.1. 모양과 재료에서 유래한 명칭

동아시아의 전통 화폐 명칭은 주화의 물리적 형태와 재질을 직접 반영하는 경우가 많았다. 한국의 '원won(圓)', 일본의 '엔yen(円)', 중국의 '위안yuan(元/圓)'은 모두 '둥근 것'을 뜻하는 한자 圓에서 기원한다. 주화가 원형으로 제작된 것은 금속 절약, 제조 편의, 마모 방지 등의 실용적 이유에 기인하였으며 이러한 내용이 명칭에 그대로 반영된 것이다. 중국의 경우, 근대 이전에는 圓이 널리 쓰였으나 청 말기 이후 元이 공식 명칭으로 자리 잡았다. 元은 본래 '근본'이나 '첫 번째'를 뜻하는 한자이지만, 발음이 圓과 같아 통화 단위로 전환되었고, 그로 인해 기존 圓의 의미와도 연관 지어 해석되었다.

베트남의 '동Đồng'은 '구리'를 뜻하는 베트남어에서 유래했다. 초기 동전이 주로 구리나 청동으로 주조되었던 역사적 배경을 반영한다. 흥미로운 점은 이 명칭이 단순히 금속 재질을 지칭하는 데서 그치지 않고 화폐 단위의 이름으로 굳어져 현대까지 이어졌다는 것이다.

이처럼 화폐 명칭이 형태나 재질과 직접 연결되는 사례는, 그 가치가 추상적 신뢰가 아니라 구체적이고 측정 가능한 현실에 뿌리를 두고 있었음을 보여준다.

1.2. 무게와 품질에서 유래한 명칭

역사적으로 금과 은 같은 귀금속 화폐의 가치는 그 무게 단위와 긴밀하게 연결되어 있었다. 대표적인 예가 영국 화폐의 공식 명칭인 파운드 스털링Pound Sterling이다. 여기서 '파운드pound'는 원래 무게 단위를 뜻하며, 통화 기호 '£'는 라틴어 *libra*(저울·파운드)의 첫 글자에서 비롯되었다. '파운드'는 단순한 수치가 아니라 실제 1파운드(약 453.6g) 무게의 귀금속을 기준으로 한 가치를 의미했다.

'스털링sterling'이라는 말의 어원에는 두 가지 설이 있다.

① 순도 약 92.5%의 은으로 만든 고품질 은화를 가리키는 품질 규격에서 유래했다는 설

② 중세 시기 영국에 은화를 공급하던 한자*Easterling* 상인[52] 집단의 이름에서 비롯되었다는 설

두 설 모두 '스털링'이 화폐의 품질과 신뢰를 보증하는 표현이었음을 보여준다. 이처럼 무게와 품질에서 유래한 명칭은, 화폐가 측정 가능한 물질적 가치를 담고 있었음을 언어적으로 각인시켰다.

1.3. 지리적·정치적 기원에서 유래한 명칭

일부 화폐 명칭은 특정 지역이나 역사적 사건과 직접적으로 연결된다. 대표적으로 '달러Dollar'라는 명칭은 16세기 보헤미아의 은화 요아힘스타일러

52 'Easterling'은 말 그대로 '동쪽에서 온 사람'이라는 의미이고, '한자(Easterling) 상인'은 한자동맹(Hanseatic League) 소속의 동방(동유럽·발트해 연안) 상인을 가리킨다. 이들은 12~17세기 동안 북해·발트해 지역의 상업 네트워크를 장악했으며, 영국에 고품질 은화를 공급한 것으로 알려져 있다. 이들이 쓰던 은화 'sterling silver'가 고품질 은 규격의 어원 가운데 하나로 위에서 거론된 것이다.

Joachimsthaler에서 유래했다. 요아힘스타일러는 '요아힘 계곡Joachimsthal의 은화'라는 뜻이며, 유럽 전역에서 신뢰받는 화폐로 널리 유통되었다. 시간이 지나면서 명칭이 축약되어 탈러thaler가 되었고, 이후 영어권을 비롯한 여러 언어에서 달러dollar로 변형되었다.

캄보디아의 '리엘Riel' 역시 지리적·문화적 배경과 관련이 깊다. 한 설에 따르면 '리엘'은 현지어로 '작은 물고기'를 뜻하며, 과거 메콩강 유역에서 물고기가 교환 수단으로 쓰이던 관습에서 비롯되었다고 한다. 또 다른 설은 스페인의 은화 단위 'real'에서 명칭이 전래되었다는 것이다. 학계에서는 두 설 모두 거론되지만, 국제 교역사와 식민지 시기를 고려할 때 'real'에서 기원했을 가능성을 더 높게 본다.

결국 전통 화폐 명칭은 임의로 지어진 것이 아니라, 화폐의 물리적 특성이나 역사적 경험과 긴밀히 연결된 언어적 산물이었다. 이런 명칭은 발음이나 표기라는 기표가 형태, 재질, 무게, 생산지 같은 현실 세계의 속성을 직접 가리키는 지표적 기호로 작동하며, 화폐에 대한 신뢰를 언어적으로 강화하는 기능을 했다.

2. 네트워크의 언어: 탈중앙화 디지털 화폐 명칭의 해체

21세기 들어 암호화폐를 비롯한 디지털 화폐의 등장은 화폐 명칭 체계의 의미 구조를 근본적으로 바꾸어 놓았다. 전통 화폐 명칭이 주화의 형태, 금속 재질, 무게, 주조지 같은 물리적 참조점에 뿌리를 두고 있었다면, 암호화폐 명칭은 그러한 실물 기반에서 벗어나 블록체인 프로토콜의 특징, 개발자의 철학, 혹은 밈meme 문화와 같은 집단 정체성을 표상하게 된다. 그 결과, 기표와 기의의 관계는 물리적 경험에 기반했던 전통 화폐와 달리, 설계자나 커뮤니티가 정의한 규칙과 이야기 속에서 형성된다.

2.1. 음성에서 텍스트로: 시각적 기표의 우위

디지털 화폐 환경에서는 발음보다 화면에 표시되는 철자와 코드, 즉 시각적 기표가 핵심적 역할을 한다. 암호화폐는 대면 거래보다 온라인 플랫폼과 블록체인 네트워크를 통해 유통되므로 사용자가 실제 발음을 접할 기회는 제한적이다. 대신 키보드 입력, 검색, 코드 호출 등 텍스트 기반 상호작용이 주를 이룬다.

이러한 환경적 특성은 주요 암호화폐 명칭이 국제적 통용성을 고려해 영어 알파벳 표기를 채택하도록 만들었다. Bitcoin, Ethereum처럼 직관적이고 세계적으로 인식 가능한 표기가 대표적이며, 거래소와 금융 데이터베이스에서는 긴 이름 대신 티커ticker라 불리는 3~4자의 약칭 코드가 표준처럼 쓰인다. XRP, DOGE, BMB, SOL 등은 발음보다 시각적 식별성과 데이터 처리 효율성을 우선시한 결과다. 결국 거래 현장에서 사용자는 '비트코인'이라는 단어보다 'BTC'라는 코드를 보고 클릭하거나 조회하는 경우가 훨씬 많다. 이로써 화폐 명칭은 발음되는 단어가 아니라 입력되고 인식되는 '코드'로 기능하게 되었고, 이는 화폐 기호학의 무게중심이 청각에서 시각으로 이동했음을 보여준다.

2.2. 탈중앙화의 형태론적 실험

암호화폐 명칭은 프로젝트의 정체성 구축을 위해 전통 화폐에서는 보기 어려운 다양한 조어 전략을 적극적으로 활용한다.

① 합성어: 비트코인(Bitcoin)

'비트코인'은 디지털 정보의 최소 단위인 bit와 전통 화폐를 상징하는 coin을 결합한 합성어다. 창시자로 알려진 '사토시 나카모토'의 익명성은 명칭과 직접적인 어원 관계는 없지만 프로젝트 전체의 탈중앙화 서사를 강화하는 브랜드 이미지 형성에 기여했다.

② 신조어: 이더리움(Ethereum)

'이더리움'은 과거 물리학에서 빛과 전자기파의 매질로 가정되었던 가상의 물질 에테르ether에서 착안한 이름이다. 여기에 미래기술적 어감을 의도한 접미사 -eum을 결합해 신조어를 만들었다. 이 명칭은 스마트 계약과 탈중앙화 애플리케이션이 구동되는 플랫폼이라는 정체성을 전달한다. 플랫폼 명칭 'Ethereum'과 토큰 명칭 'EtherETH'를 분리해 명명함으로써 기술 인프라와 가치 단위를 구분했다.

③ 티커: XRP

리플Ripple사가 발행한 'XRP'는 금융 시장에서 일반적으로 사용되는 세 글자 티커 관행을 암호화폐에 적용한 대표 사례다. 여기서 Ripple은 회사와 결제 네트워크의 이름이며, XRP는 해당 네트워크에서 사용되는 디지털 자산의 공식 명칭이다. 리플사는 브랜드와 토큰을 구분하기 위해 거래소와 금융기관에 토큰을 '리플'이 아닌 'XRP'로 표기할 것을 요청해 왔다. 이로써 'XRP'는 발음되는 단어라기보다 코드로서 인식되며 국제 결제에서 브릿지 통화로 사용된다는 네트워크적 성격을 드러낸다.

④ **밈(Meme): 도지코인(Dogecoin)**

'도지코인'은 2010년대 인터넷 밈이었던 시바견 사진과 의도적으로 잘못 표기한 '도지Doge'라는 단어에서 비롯됐다. 본래 암호화폐 열풍을 풍자하려는 장난에서 시작했지만 커뮤니티와 소셜 미디어의 확산을 통해 실제 거래가 활발해졌다. 이 명칭은 기술적 가치보다 온라인 문화와 커뮤니티 결속력에서 파생된 인지도를 보여준다.

이처럼 암호화폐 명칭은 실물 참조점에 기반한 전통 화폐와 달리 물리적 대상과의 직접적 연계가 거의 없다. '비트코인'이나 '이더리움' 같은 이름은 실세계의 사물이나 장소가 아니라 백서와 프로토콜에서 정의된 개념과 규칙에 의해 의미가 완결된다. 이러한 특성은 암호화폐 명칭을 언어학적으로 '부유하는 기표'에 가깝게 만든다.[53]

53 부유하는 기표(floating signifier)란 기표(말·글자)가 특정한 의미(기의)와 고정적으로 연결되지 않고 정치·사회·문화적 맥락에 따라 다른 의미로 채워질 수 있는 기호를 뜻한다. 전통 화폐처럼 물리적 속성과 연결된 명칭과 달리, 암호화폐 명칭은 이러한 고정 참조점이 없기 때문에 의미가 계속 '떠다니며' 변화한다.

3. 통제의 재언어화: 중앙은행 디지털화폐의 보수적 명명 전략

암호화폐의 등장은 기존 화폐 명칭의 기호학적 질서에 뚜렷한 변화를 가져왔다. 비트코인, 이더리움과 같은 새로운 이름들은 물리적 참조점 대신 블록체인 기술, 인터넷 밈, 개발자의 서사 등 비물질적·자율적인 의미망에 의존하며 작동한다. 이는 국가가 오랫동안 독점해온 통화 명명 권위에 도전장을 내민 것으로 화폐를 둘러싼 언어적 주도권 경쟁을 촉발했다. 각국 중앙은행은 이러한 흐름에 대응해 CBDC(중앙은행 발행 디지털화폐)를 준비하면서 기술적 혁신과 제도적 안정성을 동시에 반영하는 명명 전략을 채택하고 있다. 그 핵심은 완전히 새로운 이름을 만드는 대신 기존 화폐 명칭을 보존하되, 디지털 전환을 나타내는 최소한의 언어적 변형(예: '디지털', 'e-')을 가하는 것이다. 이를 통해 CBDC는 혁신의 상징이면서도 기존 통화 질서의 연속성을 강조하는 '안정된 혁신'의 이미지를 구축한다.

3.1. 연속성의 형태론: 접사를 통한 국가 승인

CBDC의 명명에서 가장 널리 쓰이는 전략은 기존 법정통화 명칭에 '디지털digital'이나 '전자(e-)' 같은 수식어를 덧붙이는 방식이다. 중국 인민은행은 자국 CBDC를 '디지털 위안Digital Yuan' 또는 '전자위안e-CNY'이라 명명했고, 스웨덴 릭스방크Riksbank는 'e-krona'라는 이름을 채택했다. 두 경우 모두 CBDC가 기존 화폐의 기술적 확장판임을 전면에 내세운다.

이러한 파생적 명명법은 다음과 같은 효과를 갖는다.

① 기술적 업그레이드 강조 – CBDC가 완전히 새로운 화폐 단위가 아니라 기존 통화의 디지털 버전임을 직관적으로 전달한다.

② 정통성 확보 – 기존 명칭을 유지함으로써 CBDC가 법정통화와 동일한 신뢰와 법적 지위를 갖는다는 인식을 강화한다. 만약 중국이 자국 CBDC를 '드래곤코인DragonCoin'이나 '차이나체인ChinaChain'처럼 완전히 새로운 이름으로 명명했다면, 이는 위안화와 분리된 독립적·경쟁적 통화로 인식될 가능성이 높았을 것이다.

③ 혼란 최소화 – 대중이 이를 전혀 다른 새로운 화폐로 오인하지 않도록 하고 기존 화폐와의 연속성을 언어적으로 보장한다.

실제로 중국 인민은행은 디지털 위안이 위안화와 1:1로 교환 가능하며 법적으로 동일한 지위를 가진다고 명문화했다. CBDC의 이름 구조 자체가 이러한 제도적 메시지를 언어적으로 반복·확인하는 장치인 셈이며, 이는 국가가 디지털 전환 속에서도 화폐 명명권과 권위를 유지하려는 전략적 선택으로 해석된다. CBDC 명칭의 언어적 보존성과 연속성은 암호화폐가 만든 기호학적 단절에 대한 국가적 대응이자, 화폐의 미래를 둘러싼 담론 전쟁에서 형태론이 전략적 무기가 될 수 있음을 보여준다.

4. 결론

화폐 명칭의 언어적 변천은 가치와 신뢰를 규정하는 사회적 기호 체계의 이동을 나타낸다. 전통 화폐의 명칭은 '원', '엔', '파운드'처럼 물리적 형태, 재질,

무게, 혹은 지리적 기원을 직접 가리키며 실체 기반의 신뢰를 언어로 구현했다. 디지털 화폐의 시대에 들어서면서 명칭은 더 이상 물리적 세계를 참조하지 않고, 네트워크 구조, 기술 플랫폼, 커뮤니티 문화, 밈과 같은 추상적이고 자기참조적인 의미망 속에서 작동한다.

이러한 변화는 화폐 명명 행위가 수행적 행위performative act임을 잘 보여준다. '비트코인'이라는 이름은 해당 기술을 단순한 전자 결제 수단이 아니라 화폐 담론의 새로운 구성원으로 편입시켰고, '이더리움'은 가상 물질이라는 은유를 통해 전혀 다른 경제 생태계의 가능성을 상징했다. 반대로, '디지털 위안'이나 'e-크로나'와 같은 명칭은 국가가 기술 혁신을 제도권 안으로 흡수하고 기존 화폐 체계의 권위를 재강화하려는 의지를 언어적으로 드러낸다.

결국, 화폐 명칭의 변화는 경제 구조와 신뢰 체계를 드러내고 재편하며 기술 진보 속에서 통화 권력의 주체와 가치 질서를 재구성하는 핵심 요소가 된다.

참고문헌

Merriam-Webster. *Bitcoin*. Merriam-Webster.com Dictionary. https://www.merriam-webster.com/dictionary/bitcoin

European Central Bank. (2020). *Report on a digital euro*. https://www.ecb.europa.eu/pub/pdf/other/Report_on_a_digital_euro~4d7268b458.en.pdf

Bank for International Settlements. (2021, March). *CBDCs: an opportunity for the monetary system*. BIS Quarterly Review. https://www.bis.org/publ/qtrpdf/r_qt2103b.htm

Bank of England. (2020). *Central Bank Digital Currency: Opportunities, challenges and design*. Discussion Paper. https://www.bankofengland.co.uk/paper/2020/central-bank-digital-currency-opportunities-challenges-and-design-discussion-paper

Sveriges Riksbank. (2021). *E-krona pilot phase 1*. https://www.riksbank.se/en-gb/payments--cash/e-krona-pilot/

People's Bank of China. (2021, July). *Progress of Research & Development of E-CNY in China*. http://www.pbc.gov.cn/en/3688110/3688172/4157443/4293696/2021071614584691871.pdf

Oxford English Dictionary. *Pound sterling*. OED Online. https://www.oed.com/view/Entry/148961

Oxford English Dictionary. *Dollar*. OED Online. https://www.oed.com/view/Entry/56525

〈예시 2〉

의미역 이론과 화폐 거래: 불변성·중복·변환을 통해 본 통찰

학과: 비트코인학과

성명: 금비트

서론

문장은 의미역θ-role과 통사 구조에 의해 조직된 사건이다. 경제학에서 바라본 화폐 거래 역시 통사론처럼 여러 참여자와 의미적 역할로 구성된다. 본 보고서의 목적은 촘스키의 의미역 이론을 기반으로 한 세 가지 심화 원리, 즉 의미역 불변성, 의미역 중복, 의미역 변환을 화폐 거래 분석에 적용하여 경제 행위의 심층 구조를 탐구하는 것이다. 이를 통해 서로 다른 결제 방식의 동등성 판정, 이해 상충 상황의 조기 탐지, 디지털 거래 환경에서의 행위자 재정의 등 실용적 함의를 도출하고자 한다.

1. 의미역 이론과 통사 규칙

1.1. 의미역과 θ-조건

의미역 이론은 술어가 사건의 참여자들에게 부여하는 역할을 정의한다. 대표적인 의미역은 다음과 같다.

- 행위자Agent: 사건을 의도적으로 시작하고 수행하는 주체
- 수취인Recipient/Goal: 행위의 종착점이거나 소유권을 획득하는 참여자
- 대상Theme/Patient: 행위의 영향을 받지만 스스로 통제권이 없는 대상
- 도구Instrument: 행위자가 의도한 행동을 수행하는 데 사용하는 수단
- 부가 정보Adjunct: 사건의 시간·장소와 같은 추가적 상황 정보

θ-조건Theta Criterion에 따르면 각 논항argument은 정확히 하나의 의미역을 가지며, 각 의미역은 정확히 하나의 논항에만 부여된다. 이는 거래 분석에서도 유사하게 적용될 수 있다. 예를 들어, 송금 거래에서 수취인이나 금액 정보가 누락되면 문장에서 목적어가 없는 경우와 같이 '비문법적' 구조가 되어, 거래 자체가 성립할 수 없다.

1.2. UTAH

Uniform Theta-role Assignment HypothesisUTAH는 동일한 의미역이 항상 동일한 구조적 위치에서 생성된다는 원리로, 통사 구조와 의미 해석의 일관

성을 유지한다. 예를 들어 능동문과 수동문을 비교하면 어순이 바뀌더라도 행위자Agent와 대상Theme의 의미역은 변하지 않는다. "철수가 사과를 먹었다"와 "사과가 철수에 의해 먹혔다" 모두에서 '철수'는 행위자, '사과'는 대상의 의미역을 지닌다. 이러한 불변성 개념은 언어학 외부의 다양한 영역, 예를 들어 경제 거래 구조 분석에도 응용 가능하며, 이에 대한 구체적인 사례는 후속 절에서 다룬다.

2. 화폐 거래의 의미역 매핑

돈과 상품이 오가는 거래는 표면적으로는 단순한 교환 행위처럼 보이지만, 의미역 이론의 틀에서 보면 각 참여자와 요소가 명확한 의미적 역할을 수행하는 구조적 사건으로 해석할 수 있다. 이를 표로 정리하면 다음과 같다.

거래 요소	의미역 대응	설명
구매자	행위자(Agent)	거래를 개시하고 결제를 수행하는 주체
판매자	수취인(Recipient)	상품/서비스를 제공하고 금액을 받는 사람
상품/서비스	대상(Theme/Patient)	거래의 직접적인 대상, 교환되는 가치
화폐/결제수단	도구(Instrument)	가치를 전달하기 위한 매개체
시간·장소	부가 정보(Adjunct)	거래가 발생하는 맥락

의미역 매핑을 활용하면 거래를 표면적인 절차가 아닌 심층구조의 사

건으로 바라볼 수 있다. 이를 통해 거래에 참여하는 각 주체가 맡은 역할과, 돈·상품·시간 등 요소들이 수행하는 기능을 명확하게 이해할 수 있다.

3. 의미역 불변성

UTAH에 기반한 의미역 불변성은 표면 절차나 결제 방식이 달라도 심층구조에서의 역할 배치가 동일하면 거래를 본질적으로 같은 것으로 본다. 예를 들어 다음 세 가지 상황을 비교해보자.

- **현금 구매**
  소비자가 카페에서 커피를 주문하고 현금으로 지불한다. 소비자는 행위자, 커피는 대상, 카페는 수취인, 현금은 도구이다.
- **앱 선결제 후 픽업**
  소비자가 모바일 앱에서 커피를 미리 결제하고 매장에서 픽업한다. 소비자, 카페, 커피의 의미역은 동일하고, 결제 수단만 앱으로 바뀐다.
- **포인트 결제**
  고객이 보상 포인트를 사용해 커피를 교환한다. 포인트가 도구 역할을 하며, 나머지 구조는 동일하다.

세 경우 모두 '행위자 → 대상 → 수취인'이라는 의미역 배치가 같고, 변화는 오직 도구의 종류와 절차에만 있다. 이는 UTAH가 말하는 심층구조의 불변성을 거래 분석에 적용한 예로, 서로 다른 결제 방식이 법적·회계적으로 동일한 거래인지 판정하는 근거가 될 수 있다. 아래 〈그림 1〉은 현금 결제와 앱 결제가 표면적으로는 다르지만, 심층구조에서는 동일한 의미역 배치를 가진다는 것을 시각적으로 보여준다.

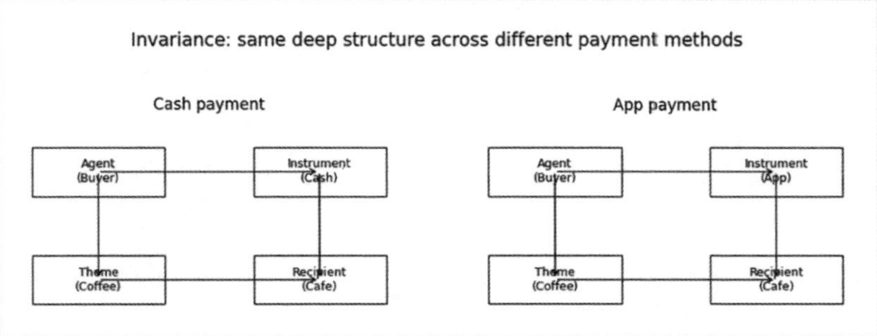

〈그림 1〉 현금 거래와 앱 결제의 구조 비교

4. 의미역 중복

언어에서 한 참여자가 두 의미역을 동시에 가질 수 있는 구조가 있다. 예를 들어 "John cooked himself a meal"에서 John은 행위자이자 수혜자이다. 이러한 의미역 중복을 거래에 적용하면 이해 상충과 자기거래를 탐지할 수 있다.

4.1. 자기매매 사례

기업 대표가 자신이 소유한 건물을 회사에 매각하는 상황을 가정해 보자. 이 경우 대표는 판매자이면서 동시에 구매자인 '행위자=수취인' 관계에 놓인다. 투자자들의 이익을 대변해야 하는 수탁자fiduciary가 자신의 이익을 위해 거래를 진행하면 이는 자가거래self-dealing에 해당한다. 투자 및 법률 분야에서 자가거래는 신탁인이 고객의 이익을 무시하고 자신의 이익을 위해 행동하는 것으로 거래에서 스스로 혜택을 얻는 행위를 의미한다. 이러한 행위는 법적으로 이해 상충conflict of interest으로 분류되어 제재를 받을 수 있다. 관련 문헌은 이해 상충을 개인적 이익과 직무상의 의무가 충돌하는 상황으로 정의하며, 이 경우 해당 개인은 직무에서 배제되거나 법적 제재를 받을 수 있다고 지적한다.

4.2. 의미역 중복의 활용

거래 데이터를 의미역으로 태깅tagging하면 '행위자=수취인'과 같이 의심스러운 역할 중복 패턴을 자동으로 탐지할 수 있다. 이러한 방식은 내부자 거래, 자기대출, 비공개 자산 매각 등 이해 상충 상황을 조기에 발견하는 데 유용하다. 실제 사례에서 법률 규제 기관은 자가거래self-dealing에 대해 벌금 부과와 거래 무효 조치를 취하며, 기업 내부의 컴플라이언스compliance 시스템 역시 이러한 중복 역할을 중요한 경고 신호로 간주한다. 아래 〈그림 2〉는 기업 대표가 자신이 소유한 건물을 회사에 매각하는 자기매매 상황을 나타내며, 한 인물이 동시에 행위자와 수취인 역할을 수행하는 의미역 중복 구조를 시각적으로 보여준다.

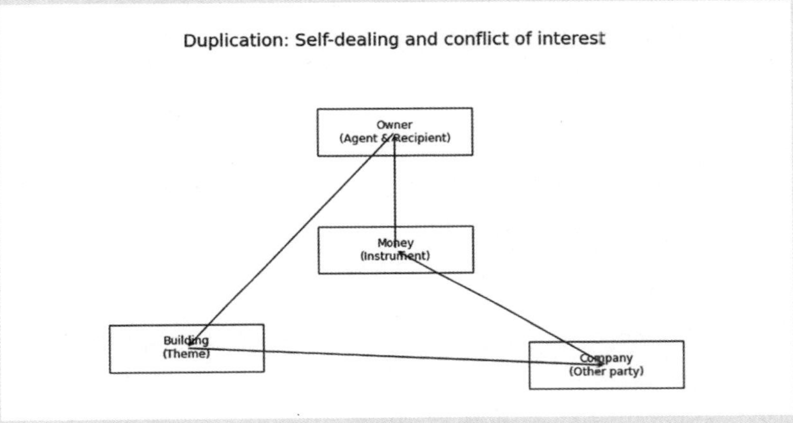

〈그림 2〉 행위자와 수취인이 동일하여 이해 상충 발생

5. 의미역 변환: 디지털 거래에서 행위자의 재정의

언어학에서 '의미역 변환'theta-role shift은 수동문이나 중간 구조middle construction 처럼 한 요소의 표면적 역할이 원래의 의미역과 다르게 나타나는 현상을 가리킨다. 예를 들어 "John opened the door with a key"에서는 key가 도구Instrument이지만, "The key opened the door"에서는 key가 문법적으로 주어 자리에 오면서 표면상 행위자Agent처럼 보인다. 이러한 구조적 변환은 겉으로 보이는 통사적 지위가 달라져도 심층 구조에서의 의미역 관계를 이해해야만 정확히 해석할 수 있다. 경제 영역에서도 디지털화와 자동화의 진전에 따라 전통적으로 도구 역할을 하던 결제수단이나 알고리즘이 거래의 주체이자 실

행자로 기능하는 '의미역 변환' 현상이 점점 더 빈번하게 나타나고 있다.

5.1. 결제 자동화와 행위자 역할의 변화

- **자동이체(Automatic Transfer)**

  고객이 월 이용료를 자동이체로 설정하면 매달 결제 시스템이 고객 계좌에서 금액을 인출해 서비스 제공자에게 송금한다.

- **전자 에이전트(Electronic Agent)**

  전자 에이전트가 인간의 개입 없이 계약을 체결하는 사례도 있다. 일례로 미국 메인 주 전자거래법은 "계약은 당사자의 전자 에이전트가 상호작용함으로써 성립될 수 있으며, 당사자가 그 작용을 인지하지 못했더라도 유효하다"고 규정한다. 이는 알고리즘 간 상호작용으로도 법적 계약이 성립할 수 있음을 명시한 것이다.

- **AI 거래봇(AI Trading Bot)**

  인공지능 기반 거래 에이전트가 금융시장에서 자동으로 주식을 매수·매도하는 사례가 늘고 있다. 법학자들은 AI 프로그램 자체에는 '의도'가 없기 때문에, 책임은 이를 사용하는 사람이나 조직이 져야 한다고 본다. AI가 계약을 체결한 경우에도 계약법은 이를 인간 대리인의 행위와 동일하게 취급하며, 본인principal은 "AI가 무엇을 했는지 몰랐다"는 이유로 책임을 피할 수 없다고 한다.

5.2. 변환의 의미

디지털 결제 환경에서는 전통적으로 도구Instrument 역할에 머물렀던 결제 수단(카드, 앱, 알고리즘)이 점차 행위자Agent 역할로 격상되고 있다. 고객은 한 번 결제 봇을 설정하면 이후 거래는 봇이 스스로 실행한다. 이는 의미역 이론에서 도구가 겉으로 행위자처럼 작동하는 수동문·중간구조와 유사한 현상이다. 이러한 변환은 전자 에이전트가 체결한 계약의 유효성, 거래 오류 발생 시의 책임 귀속, AI가 잘못된 추천을 했을 경우의 손해배상 등 새로운 법적·윤리적 쟁점을 야기한다. 아래 〈그림 3〉은 그림은 결제 시스템이 전통적인 도구에서 행위자 역할로 변환되는 과정을, 고객·자금·판매자 간의 의미역 관계를 통해 시각화한 것이다.

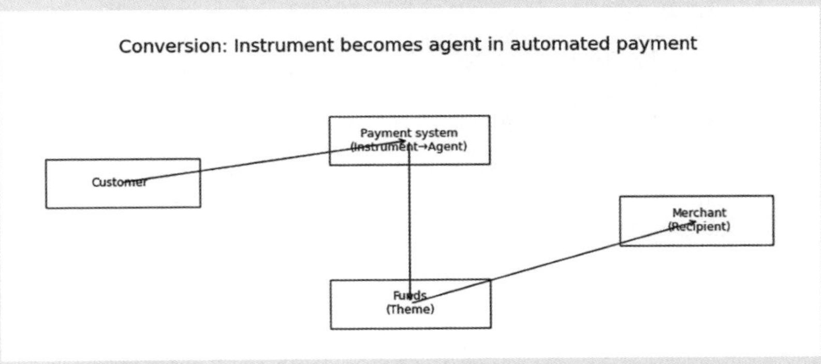

〈그림 3〉 자동화 결제 시스템의 행위자 역할

6. 응용

이 보고서에서 제안한 의미역 관점은 실용적 도구로 확장될 수 있다.

① 거래 데이터 모델링

결제 시스템과 회계 소프트웨어는 거래를 의미역 태그와 함께 기록함으로써 필수 역할 누락, 중복, 변환을 자동으로 감지할 수 있다. 예를 들어 송금 시 금액이나 수취인 정보가 없는 경우를 문법 오류로 처리할 수 있다.

② 컴플라이언스 및 리스크 관리

자기거래나 이해 상충 패턴을 의미역 중복으로 식별하면, 내부거래·횡령·부정거래를 조기에 발견할 수 있다.

③ 디지털 계약 설계

스마트 계약 및 전자 에이전트가 거래를 수행할 때, 역할 변환을 고려한 책임 프레임워크를 설계해야 한다. 법률은 이미 전자 에이전트 간의 계약 체결을 인정하고 있으며, AI 거래의 책임은 인간 사용자에게 귀속된다는 점을 명확히 하고 있다.

결론

본 보고서는 의미역 이론을 화폐 거래에 적용해 불변성, 중복, 변환이라는 세 가지 관점으로 고찰해보았다. 의미역 불변성은 서로 다른 절차와 결제수단을 사용한 거래가 심층적으로 동일한 구조를 가진다는 것을 보여주며, 의미역 중복은 자기거래와 이해 상충 같은 비정상 거래를 탐지하는 데 활용될 수 있다. 또한 의미역 변환은 디지털 경제에서 도구가 행위자 역할로 격상되는 현상을 설명하며, 전자 에이전트와 AI 거래에 대한 법적 책임 논의를 뒷받침한다. 언어학과 경제학을 융합한 이 접근은 거래를 구조적 사건으로 모델링함으로써 규범 준수와 시스템 설계에 새로운 관점을 제공한다. 앞으로 데이터 과학과 법률 기술이 결합된 분야에서 의미역 기반 거래 분석은 투명성, 안전성, 효율성을 높이는 데 기여할 것으로 기대된다.

참고문헌

Chomsky, N. (1981). *Lectures on Government and Binding*. Dordrecht: Foris Publications.

Chomsky, N. (1986). *Barriers*. Cambridge, MA: MIT Press.

Fillmore, C. J. (1968). The case for case. In E. Bach & R. T. Harms (Eds.), *Universals in Linguistic Theory* (pp. 1–88). New York: Holt, Rinehart and Winston.

Dowty, D. (1991). Thematic proto-roles and argument selection. *Language, 67*(3), 547–619.

Baker, M. C. (1988). *Incorporation: A Theory of Grammatical Function Changing*. Chicago: University of Chicago Press.

Williamson, O. E. (1985). *The Economic Institutions of Capitalism*. New York: Free Press.

Allen, Tom, & Widdison, Robin. (1996). Can computers make contracts? *Harvard Journal of Law & Technology, 9*(1), 25–52.

Kerr, I. R. (1999). Spirits in the material world: Intelligent agents as intermediaries in electronic commerce. *Dalhousie Law Journal, 22*, 189–249.

National Conference of Commissioners on Uniform State Laws. (1999). *Uniform Electronic Transactions Act (UETA)*. Retrieved August 11, 2025, from https://www.uniformlaws.org/acts/ueta

Maine State Legislature. (2000). *Uniform Electronic Transactions Act – Maine Revised Statutes, Title 10, Chapter 1051*. Retrieved August 11, 2025, from https://www.mainelegislature.org

〈Sample 3〉

Money, Boundaries, and Tokenization
: A Cognitive Linguistic Perspective

Dept. : Linguistics
Name : Cash Park

Introduction

The rise of digital assets and cryptocurrencies has transformed the way we conceptualize money, introducing *tokenized* value that challenges traditional notions of currency and ownership. Cognitive linguistics offers a useful framework for analyzing this shift by demonstrating how language shapes thought. Kwanghee Lee's (2007, 2017) cognitive grammar analysis—especially the notions of noun boundaries, the *Boundedness Filter* (BF), and the *Cognitive Bridge*—provides a framework for understanding how people construe money and tokens as either bounded units or unbounded substances.

Lee (2017) argues that countability is not fixed but context-dependent: nouns may be framed as discrete (e.g., *a beer*) or amorphous (e.g., *beer*) depending on how boundaries are activated. The BF models this process by filtering whether a noun is treated as countable or mass, while the Cognitive Bridge explains how definite reference succeeds when speaker and hearer share knowledge (Lee, 2007). Together, these mechanisms show how cognition and grammar interact to mark boundedness and identifiability.

For the present study, this framework serves as a basis for analyzing monetary language and digital tokenization. In the same way that speakers linguistically "slice up" value into units or continua, blockchain technologies tokenize assets by imposing programmable boundaries on economic value. The following sections apply this cognitive-linguistic perspective to money, and tokenized assets, highlighting parallels between linguistic boundary-making and technological encapsulation of value.

1. Monetary Semantics and Cognitive Boundaries

1.1. Count–Mass Flexibility in Monetary Language

The word *money* in English is a paradigmatic mass noun. Speakers ask "How much money?" rather than "How many monies?" and use unit nouns such as *dollars*, *coins*, or *bills* to impose countability. The marked plural form *monies* occurs primarily in legal or formal discourse to designate distinct funds, reflecting a re-categorization of money into discrete allotments (Goddard et al., 2022). This reflects the broader principle identified by Lee (2017): nouns can shift between mass and count construal depending on whether boundaries are cognitively activated.

Cross-linguistic evidence reinforces this variability. Italian distinguishes between *denaro* (mass noun) and *soldi* (plural count noun, literally "coins"), while Russian uses *dengi* ("money") only in plural form, conceptually treating money as inherently a collection. These contrasts highlight that the mass/count status of "money" is not universal but culturally framed. English construes money as an unbounded medium of exchange, only countable when measured through currency units, while Italian and Russian embed countability more directly into the lexicon. Such variability underscores that "money" is not a fixed ontological category but a cognitively flexible one, shifting between substance and unit depending on linguistic context.

1.2. Cognitive Metaphors of Economic Value

Economic value is structured through pervasive metaphorical frames. Lakoff and Johnson (1980) observed that abstract domains like money are conceptualized through concrete metaphors such as MONEY IS A RESOURCE or TIME IS MONEY, evident in expressions like *spend time* or *save money*. Subsequent work has identified recurrent patterns in English, portraying money as liquid (*cash flow*), as a plant (*growing capital*), as power (*money talks*), or as a manufactured product (*making money*). These metaphors foreground different aspects of value: fluidity, growth potential, efficacy, or productivity.

Such metaphorical framings also interact with cognitive boundedness. Viewing money as a liquid aligns with mass construal (unbounded, flowing), while framing it as coins or tokens invokes countability. Conceptualizations of fungibility resonate here: fungible currencies like dollars behave cognitively like mass substances—interchangeable and homogeneous—yet are practically treated as countable units. Non-fungible assets (e.g., unique coins or NFTs) more closely resemble count nouns with intrinsic identity. Thus, the metaphors we use not only shape discourse but also structure how people understand the boundaries of value itself.

Taken together, the semantics of money-the mass/count flexibility of *money*, and the metaphorical framings of value demonstrate the cognitive variability of economic concepts. Speakers alternately construe money as substance, unit, obligation, or force, depending on context. This aligns with Lee's (2017) cognitive grammar framework, where boundaries are flexibly imposed or withheld, and shared understanding (via a cognitive bridge) sustains reference. In monetary language, grammar and metaphor jointly reveal how people cognitively partition the abstract domain of value. This analysis prepares the ground for examining tokenization, where blockchain technologies impose explicit, programmable boundaries on economic value, paralleling the cognitive and linguistic mechanisms discussed here.

2. The Cognitive Structure of Tokenization

2.1. Tokenization as the Imposition of Boundaries

Tokenization refers to the process of converting assets or rights into digital tokens that can be created, transferred, and managed on blockchain networks. In practice, tokenization transforms abstract or continuous notions of value—such as shares of a company, carbon credits, or ownership of artwork—into discrete, programmable units of account (Freni, Ferro, & Moncada, 2022). Once tokenized, assets are represented through units defined by smart contracts, the code-based rules that govern supply, ownership, and transfer conditions (Taherdoost, 2023). For example, an artwork can be fractionalized into 1,000 identical fungible tokens, each corresponding to 0.1%

ownership, or represented by a single non-fungible token (NFT) that encodes uniqueness. In both cases, the tokenization process imposes clear boundaries: each token is a bounded instance of value, much like a count noun specifies an individuated entity.

From a cognitive linguistic perspective, tokenization resembles the operation of the Boundedness Filter (BF) (Lee, 2017). Just as the BF activates or suppresses cognitive boundaries to determine whether a noun is construed as countable or mass, tokenization enforces a boundary on economic value, converting an otherwise amorphous asset into a unitized form. Without such boundaries, value remains abstract; with tokenization, it becomes divisible, transferable, and recognizable as a discrete "thing" within a digital ecosystem.

2.2. Smart Contracts as Formalized Filters

Smart contracts operationalize tokenization by encoding the rules that define tokens and ensure their consistent treatment across the network. They are self-executing scripts on a blockchain that enforce agreements automatically once predetermined conditions are met (Taherdoost, 2023). Conceptually, smart contracts function analogously to the BF in cognition: both serve as rule-based filters that govern whether an entity is treated as bounded or not. The BF decides whether *beer* is "a beer" (a unit) or "beer" (a substance); a smart contract decides whether a transaction is valid, whether a token can be minted, or whether double-spending is blocked.

Both mechanisms are designed to eliminate ambiguity. In language, the BF ensures that article usage aligns with how speakers intend to frame a noun; in blockchain, the smart contract ensures that asset transfers respect the programmed rules of the system. Moreover, both systems rely on consistency across contexts: speakers trust that their interlocutors interpret articles predictably, while blockchain participants trust that smart contracts execute reliably and transparently.

2.3. The Cognitive Bridge and Social Consensus

Technical boundaries alone do not guarantee that tokens acquire value. For digital tokens to function as meaningful carriers of ownership or exchange, communities must collectively agree on what those tokens represent. This corresponds to Lee's (2007, 2017) concept of the Cognitive Bridge—the shared mental space that enables definite reference. Just as *the book* presupposes that speaker and hearer share knowledge of a particular referent, a digital token presupposes that issuers and users share an understanding of its significance.

In practice, this shared understanding emerges through trust, legitimacy, and institutional framing. Stablecoins, for example, rely on the collective belief that each token corresponds to a real dollar held in reserve. NFTs derive value only when communities of collectors recognize the token as signifying authenticity or ownership of digital art. More broadly, cryptocurrencies operate within what Scott (1995) calls institutionalized structures—systems of norms, rules, and shared expectations that sustain meaning and legitimacy. When this bridge collapses—such as in cases of fraud or failed projects—the token's value rapidly disintegrates, just as failed reference in conversation leads to communicative breakdown.

Thus, the Cognitive Bridge in linguistics parallels the social and institutional consensus necessary for tokens to be recognized as valid units of value. Blockchain technology provides the technical substrate—an immutable ledger—but human cognition and institutional agreement provide the interpretive framework that gives tokens meaning.

Tokenization represents the digital enactment of processes long observed in cognitive linguistics: the imposition of boundaries, the filtering of interpretations, and the reliance on shared reference. By transforming abstract assets into discrete digital tokens, blockchain enforces boundaries in much the same way that the BF structures noun usage. Smart contracts mirror cognitive filters by ensuring consistent application of rules, while the Cognitive Bridge aligns with the social consensus that legitimizes tokens as valuable.

Understanding tokenization through this perspective reveals that digital finance is not merely a technical innovation but also a cognitive and social process—one that extends natural patterns of boundary-making and shared meaning into the digital economy.

Conclusion

This study has examined the tokenization of money and digital assets through the framework of cognitive linguistics, focusing on the concepts of noun boundaries, the Boundedness Filter, and the Cognitive Bridge. The analysis shows that the ways in which language encodes boundedness and identifiability parallel the mechanisms by which blockchain technologies render economic value discrete, transferable, and socially meaningful.

Linguistic evidence illustrates that countability is not an inherent property of nouns but a flexible outcome of cognitive construal, while tokenization similarly transforms amorphous forms of value into discrete digital units. Smart contracts can be regarded as formalized analogues of cognitive filters, mediating between assets and their representation to ensure consistent transactions. The Cognitive Bridge highlights the social dimension of meaning: just as definite reference presupposes shared knowledge, the legitimacy of digital tokens relies on collective recognition, trust, and institutional frameworks.

Overall, the findings indicate that tokenization is not merely a technical or economic innovation but also a cognitive and social process that mirrors how abstract value is construed and communicated. Future research may extend this approach by comparing cross-linguistic variations in monetary semantics or by analyzing how metaphorical framings of liquidity, growth, and power influence public discourse around tokenized economies. Recognizing the cognitive and institutional foundations of tokenization may also contribute to the development of systems and narratives that align with intuitive models of value, thereby fostering broader acceptance and legitimacy.

In sum, tokenization exemplifies the extension of natural cognitive and linguistic mechanisms into the digital economy, where tokens function as the "nouns" of a new economic grammar and derive their meaning from the cognitive and social bridges that communities construct around them.

References

Freni, P., Ferro, E., & Moncada, R. (2022). Tokenomics and blockchain tokens: A design-oriented morphological framework. *Blockchain: Research and Applications, 3*, 100069. https://doi.org/10.1016/j.bcra.2022.100069

Goddard, C., Wierzbicka, A., & Farese, G. M. (2022). The conceptual semantics of "money" and "money verbs." *Russian Journal of Linguistics, 26*(1), 7–30. https://doi.org/10.22363/2687-0088-27193

Lakoff, G., & Johnson, M. (1980). *Metaphors we live by*. Chicago, IL: University of Chicago Press.

Lee, K. (2007). A cognitive approach to the meanings of the English definite article THE. *Discourse and Cognition, 14*(1), 135–148.

Lee, K. (2017). A cognitive study of interaction between noun boundaries and articles in English. *Studies in Modern Grammar, 94*, 41–55.

Scott, W. R. (1995). *Institutions and organizations*. Thousand Oaks, CA: Sage Publications.

Taherdoost, H. (2023). Smart contracts in blockchain technology: A critical review. *Information, 14*(2), 117. https://doi.org/10.3390/info14020117

이광희

한양대학교 인문과학대학 교수

언어학, 대중문화, 화폐철학 등 학제 간 연구 및 교육

교과서, 학술서, 수험서 20여 종 집필

화폐의 언어

: 돈은 어떻게 우리에게 말을 거는가

펴낸날 2026년 1월 10일 초판 1쇄

지은이 이광희 ● **펴낸이** 이기정

펴낸곳 한양대학교 출판부 ● **출판등록** 제4-7호(1972.2.29)

주소 서울 성동구 왕십리로 222 ● **전화** 02.2220.1432-4 ● **팩스** 02.2220.1435

홈페이지 press.hanyang.ac.kr ● **이메일** presshy@hanyang.ac.kr

편집·본문디자인 김민지 ● **표지** 안광일 ● **인쇄** 네오프린텍

ISBN 978.89.7218.853.7 (93000)